Illustration de Kimiko

loulou & Cie

Et hop !
Malika Doray

Que se passe-t-il quand un petit crocodile crie tellement fort que son papa le confie à la fourmi sa voisine ?
La fourmi en a aussi assez des cris du petit crocodile, et le confie à une souris taxi, qui l'emmène chez le renard, qui à son tour l'envoie chez l'éléphant. Le petit crocodile continue de crier !
Il va faire ainsi le tour du monde en criant avant de retrouver enfin son papa, qui a eu le temps de lui préparer son biberon !

9 782211 305303
10,70 €
180 x 240 mm • 26 pages
Tout-carton
Parution en août

Maman, c'est toi ?
Michaël Escoffier et Matthieu Maudet

Avec son chapeau trop grand qui lui tombe sur les yeux, il ne voit pas devant lui. Maman, c'est toi ? Bêêêê ! répond le mouton. Maman ? Meuh ! répond la vache. Miaou ! répond aussi le chat. Ce n'est pas très facile de retrouver maman sans rien voir…

9 782211 304009

10,00 €
190 x 190 mm · 28 pages
Tout-carton
Parution en août

Le livre des c'est pas moi !
Hervé Eparvier et Soledad Bravi

Qui a mangé le gâteau ? Qui a cassé la vitre ? Qui a mis de l'eau partout ? C'est pas moi ! C'est pas moi ! C'est pas moi ! Et alors, qui n'a pas fait de bisous à sa maman ?

9 782211 304450

10,00 €
140 x 140 mm · 40 pages
Tout-carton
Parution en septembre

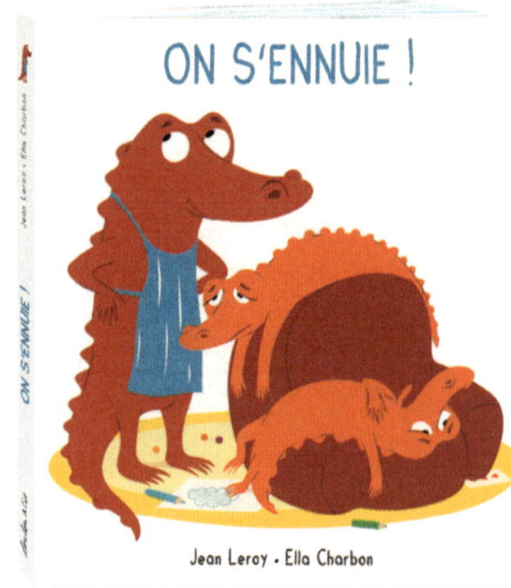

Le doudou de Lolotte
Clothilde Delacroix

Au moment de se coucher, Lolotte ne retrouve pas son doudou. Avec Crocotte et Cocotte, elles le cherchent partout, même au fond du lit. Et là, surprise ! Il y a un souterrain ! Elles vont suivre ce long chemin, et se retrouvent devant une maison. Est-ce que le doudou sera dedans ?

9 782211 304436

11,00 €
205 x 205 mm • 30 pages
Tout-carton
Parution en septembre

On s'ennuie !
Jean Leroy et Ella Charbon

Crocus et Mim, les petits crocodiles, s'ennuient à la maison, mais quand maman leur propose de ranger leur chambre, ils préfèrent sortir dans le jardin. Le jardin est couvert de feuilles d'automne, ce qui leur donne une idée qui va faire plaisir à papa !

9 782211 301039

10,00 €
170 x 200 mm • 28 pages
Tout-carton
Parution en septembre

O
Lucie Phan

Voici un O, qui roule et se cogne. Alors on lui dessine des yeux et des jambes. Il rencontre un carré… qui a aussi des yeux et des jambes. Ils escaladent des cubes, tombent, et aimeraient bien avoir une bouche pour discuter avec un triangle !
Un livre sur les formes et les couleurs.

9 782211 302111

8,50 €
150 x 150 mm · 26 pages
Tout-carton
Parution en septembre

À quoi tu rêves petit chien ?
Raphaël Fejtö

Tout le monde rêve ! Le petit chat rêve de prendre un bain de lait, le petit singe, lui, rêve de glisser sur une banane, le lion rêve d'être le roi ! Et toi, à quoi rêves-tu ?

9 782211 302227

9,50 €
170 x 170 mm · 26 pages
Tout-carton
Parution en septembre

Minusculette et la magie
Kimiko et Christine Davenier

L'ami de Minusculette, Maurice le muscardin, est coincé dans un trou. Impossible de l'en sortir. Gustave le tamia ne voit qu'une solution : que Minusculette utilise ses pouvoirs magiques. Comme elle n'a pas l'habitude, elle se trompe de formule, et Maurice, non seulement reste toujours coincé, mais devient tout bleu !

9 782211 301282

10,70 €
190 x 200 mm • 36 pages
Cousu
Parution en septembre

Mmmais !
Arnaud Denis

La petite fourmi a trouvé une grosse boulette à manger. Dommage, elle se la fait prendre par le crapaud, qui à son tour se la fait voler par l'oiseau, plus gros que lui. Y a-t-il plus gros que l'oiseau ? Oui ! C'est le serpent ! Qui va donc finir par manger cette belle boulette ?

9 782211 305327

10,50 €
205 x 205 mm • 26 pages
Tout-carton
Parution en septembre

Où est passé Saucisse ?
Jean Leroy et Giulia Bruel

Au moment d'aller se coucher, la sorcière cherche Saucisse. Mais qui est Saucisse ? Ce n'est pas son chat qui dort déjà, ce n'est pas son crapaud qui attend dans la cuisine, ni son hibou qui est dans le grenier !
Mais qui peut bien être Saucisse ?

9 782211 304399
10,00 €
140 x 210 mm · 28 pages
Tout-carton
Parution en octobre

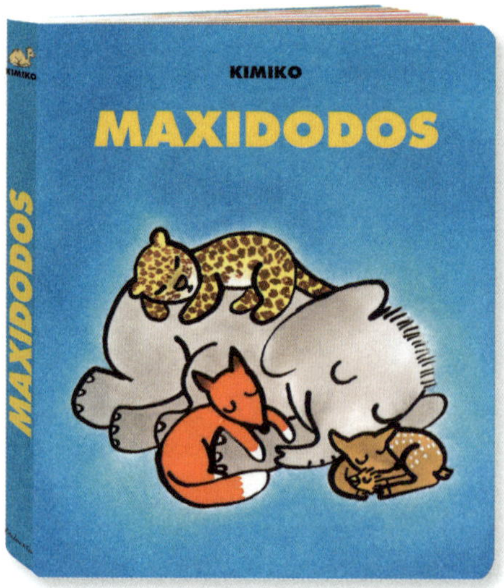

Maxitrouille
Kimiko

Les sorcières sont dans le ciel ? Maxitrouille !
Le tyrannosaure s'est réveillé ? Maxitrouille !
Les squelettes dansent la polka ?
Maxitrouille !… encore et encore
Maxitrouille ? Non, pas toujours !

12,80 €
180 x 220 mm • 38 pages
Tout-carton
Parution en octobre

Maxidodos
Kimiko

Les haïkus sont de très courts poèmes japonais dont la particularité est de saisir furtivement un moment, une émotion de la journée.
À la manière des haïkus, voici un livre qui incite à dormir…
À lire presque en chuchotant !

12,80 €
180 x 220 mm • 38 pages
Tout-carton
Parution en octobre

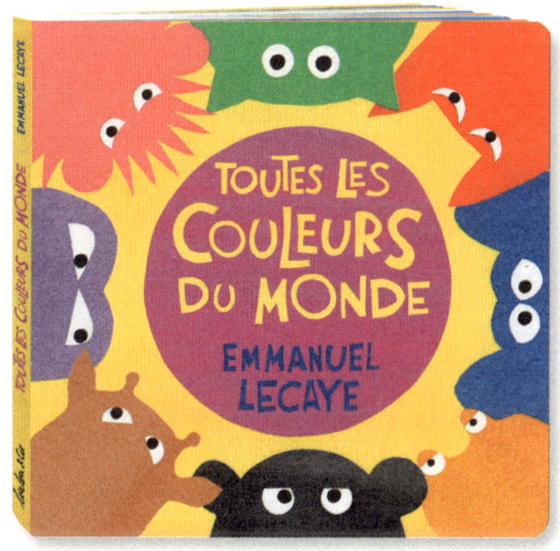

Les habits rouges de Monsieur Loup
Isabelle Bonameau

Il neige ! Monsieur Loup, tout à sa joie de sortir, oublie de s'habiller. Alors, quand il rencontre les lutins, il leur prend leurs habits qui sont rouges. Le loup ressemble maintenant au père Noël ! Les lutins ont froid, ils vont chez le loup pour récupérer leurs affaires. C'est la bagarre, quand soudain quelqu'un arrive par la cheminée ! Qui cela peut-il être ?

9 782211 304740

10,50 €
180 x 180 mm · 40 pages
Tout-carton
Parution en octobre

Toutes les couleurs du monde
Emmanuel Lecaye

Le petit loup montre à sa maman un crocodile bleu. Maman le corrige : il n'est pas bleu, mais orange. Ensuite, il voit un serpent bleu, encore une fois maman rectifie : il est violet. Alors, quand il voit un éléphant bleu, maman croit qu'il s'est de nouveau trompé, mais non, cette fois-ci il est bien bleu !
C'est en se trompant qu'on apprend ! Un livre ludique et tendre sur les couleurs.

9 782211 304412

10,70 €
210 x 210 mm · 22 pages
Tout-carton
Parution en octobre

Oh! Il neige…
Cédric Ramadier et Vincent Bourgeau

C'est l'hiver, quelques petits flocons de neige commencent à tomber.
On a l'impression qu'il n'y a personne, mais, si on fait bien attention, on peut apercevoir Aline, l'hermine. On regarde plus attentivement, et on voit Aldo, le renardeau, puis Julie, la perdrix…
À présent, il neige beaucoup, le paysage devient de plus en plus blanc, jusqu'à presque disparaître. Que c'est beau, l'hiver!

9 782211 304696

12,50 €
220 x 280 mm • 24 pages
Tout-carton
Parution en octobre

Pop et le grand méchant loup
Pierrick Bisinski et Alex Sanders

Pop et ses amis sont inquiets: la girafe Fifi a disparu! Ils la retrouvent prisonnière du loup.
Il faut la sauver, mais, le temps de détacher Fifi, le loup arrive et veut tous les manger!
Heureusement, Pop a une idée «piquante» pour échapper au loup…

9 782211 305501

11,20 €
240 x 210 mm • 24 pages
Tout-carton
Parution en novembre

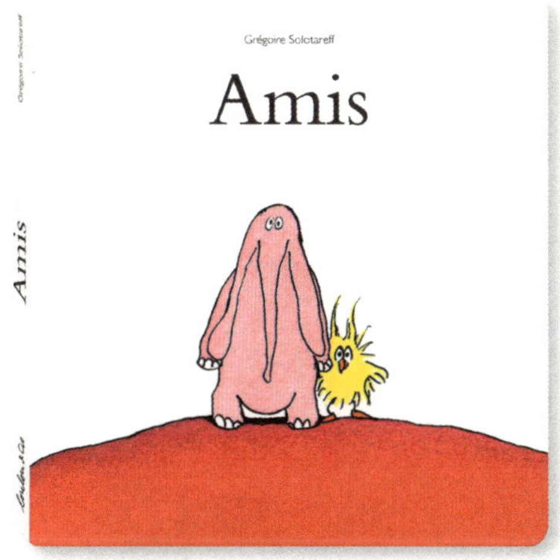

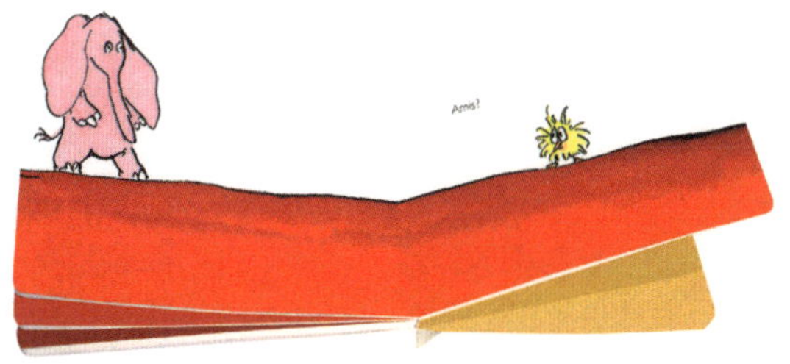

Amis
Grégoire Solotareff

Il y a un petit oiseau, tout seul, qui s'ennuie. Il rencontre un gros éléphant. Tellement gros qu'il a un peu peur. Alors, quand arrive un éléphant plus petit qui lui fait une danse de l'amitié, le petit oiseau est si content qu'il danse aussi !

10,70 €
185 x 220 mm • 26 pages
Tout-carton
Parution en novembre

loulou & Cie, RAPPEL DU PRINTEMPS 2019

9 782211 239806

12 pages • 160 x 210 mm • 10,00 €

9 782211 239820

28 pages • 190 x 190 mm • 10,00 €

9 782211 239844

26 pages • 145 x 150 mm • 10,00 €

9 782211 300605

28 pages • 170 x 200 mm • 10,00 €

9 782211 301268

26 pages • 190 x 190 mm • 10,00 €

9 782211 300582

26 pages • 200 x 200 mm • 11,00 €

9 782211 302357

20 pages • 185 x 240 mm • 10,50 €

9 782211 300957

26 pages • 170 x 170 mm • 9,50 €

9 782211 239868

14 pages • 270 x 315 mm • 13,80 €

9 782211 239592

26 pages • 160 x 205 mm • 10,00 €

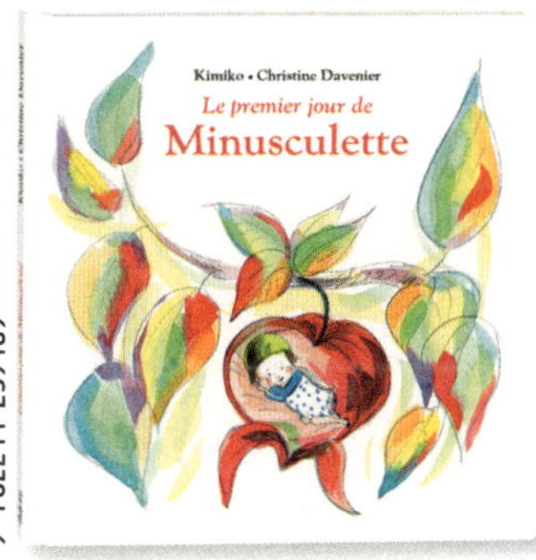

9 782211 239189

32 pages • 190 x 200 mm • 10,70 €

9 782211 300988

26 pages • 205 x 205 mm • 10,50 €

9 782211 300384

42 pages • 160 x 160 mm • 11,00 €

9 782211 300407

56 pages • 150 x 150 mm • 8,50 €

9 782211 239837

18 pages • 240 x 210 mm • 12,80 €

9 782211 302333

22 pages • 210 x 260 mm • 11,00 €

9 782211 301725

32 pages • 140 x 175 mm • 9,00 €

9 782211 301688

22 pages • 180 x 210 mm • 10,50 €

ALBUMS

Lettres
Leo Lionni

Apprendre son ABC, ce n'est pas si compliqué. On peut retenir sans douleur, grâce aux lettres de toutes les couleurs. Et répéter l'alphabet, sans une seule fois s'embêter. Comprendre le B.A. – BA, grâce à des souris, pourquoi pas ? L'une passe la tête par le trou du D. Une autre se perche sur la lettre M. Pourquoi ? Parce que c'est ça qu'elle aime. Elles jouent, les petites souris, et l'alphabet est notre ami.

9 782211 304313

6,00 €
150 x 150 mm · 14 pages
Tout-carton
Parution en août

Chiffres
Leo Lionni

Une souris grise est triste. S'il en arrive une autre, elles sont deux, c'est mieux ! À trois, elles jouent à la maman, au papa et au bébé. Et ainsi de suite, quatre, cinq, six, sept, huit. Rien de tel pour apprendre à compter qu'une ribambelle de souris futées. Et si tu arrives à compter jusqu'à dix, tu auras une belle surprise. Une souris voudra prendre en photo les neuf autres qui disent : « Cheese ! »

9 782211 304290

6,00 €
150 x 150 mm · 14 pages
Tout-carton
Parution en août

Tope là!
Stephanie Blake

Il manque une seule carte à Simon pour compléter sa collection Kikojun. C'est la carte Ultra Dragaba, celle avec la petite étoile en bas à droite. Qui l'a? demande Simon à la récré. Ferdinand répond: moi! Hélas, il n'est pas d'accord pour l'échanger avec Simon… sauf contre sa toupie Burst Blade très chère! Il va falloir bien réfléchir. Qu'est-ce qui compte le plus pour Simon?

9 782211 304337

12,70 €
220 × 275 mm • 36 pages
Relié
Parution en août

Adieu odieux dîner
Delphine Bournay

Flora n'a pas du tout l'intention de finir son assiette ce soir. Ni même de la commencer. Car ce que son papa lui a cuisiné, c'est une verte et berk purée de brocolis. La goûter pour savoir si elle aime ? Inutile. Flora connaît très bien ses goûts. Et ce dîner-là est dégoûtant, c'est tout. Mais voilà que, vexé, le dîner s'en mêle et se met à parler… On aura tout vu ! Oh là là, il devient agressif ! Au secours !

9 782211 301008

11,50 €
190 x 230 mm • 32 pages
Relié
Parution en août

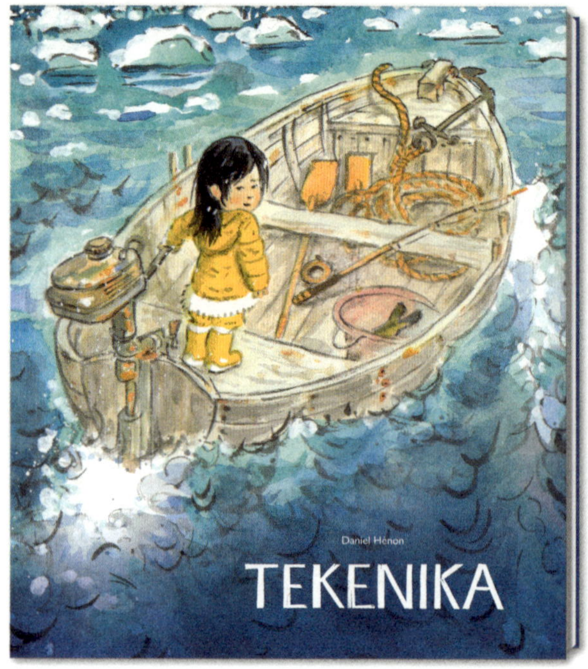

Tekenika
Daniel Hénon

Le papa de Tekenika était le meilleur pêcheur de tous. Depuis qu'il a été emporté par une tempête, c'est Tekenika qui part en barque pour rapporter du poisson, même si elle est toute petite. Elle est si décidée, si courageuse qu'elle devient amie avec un éléphant de mer. Et un jour, ayant bravé à son tour la tempête, elle revient à la maison avec bien plus qu'un poisson…
Ce conte est inspiré par une nouvelle du grand écrivain chilien Francisco Coloane.

9 782211 239288

12,70 €
260 x 310 mm • 36 pages
Relié
Parution en septembre

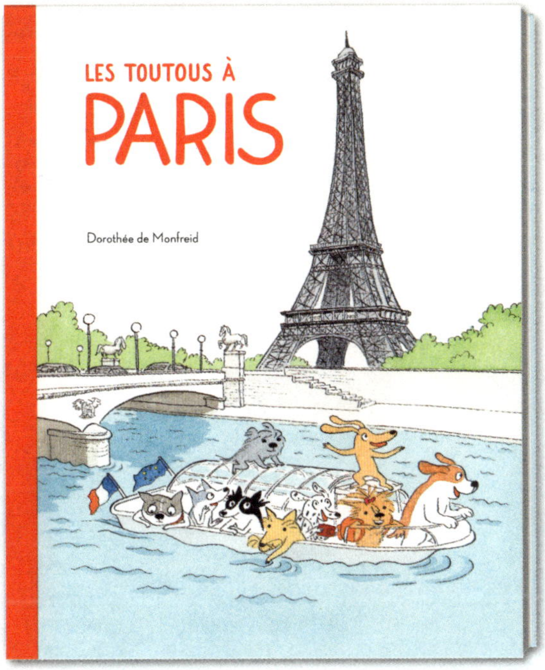

Les toutous à Paris
Dorothée de Monfreid

L'oncle Jacob va fêter ses 100 ans ! Il invite les toutous à la soirée qu'il organise chez lui au 16, rue du Gros Caillou, à Paris. Les toutous se préparent et sautent dans le train pour la capitale. Mais Paris est une très grande ville. Comment trouver la bonne rue ? En cherchant un gros caillou, peut-être ? Sur leur chemin, les toutous vont découvrir des merveilles… Arriveront-ils à l'heure pour la fête ?

9 782211 302838

13,90 €
240 x 310 mm • 44 pages
Relié • dos toilé
Parution en septembre

Du même auteur

Jules et le renard
Joe Todd-Stanton

Jules la souris vivait tout seul dans son petit terrier et il aimait ça. Il échappait ainsi à tous ceux qui voulaient le croquer : chouette, taupe, blaireau, chien. Mais la vie est pleine de surprises. Un jour, parce qu'il a eu pitié d'un renard très rusé, mais surtout affamé, Jules finit par devenir… non ! pas sa proie. Beaucoup mieux que ça !

12,20 € • 230 x 270 mm • 40 pages
Relié
Traduit de l'anglais par I. Reinharez
Parution en septembre

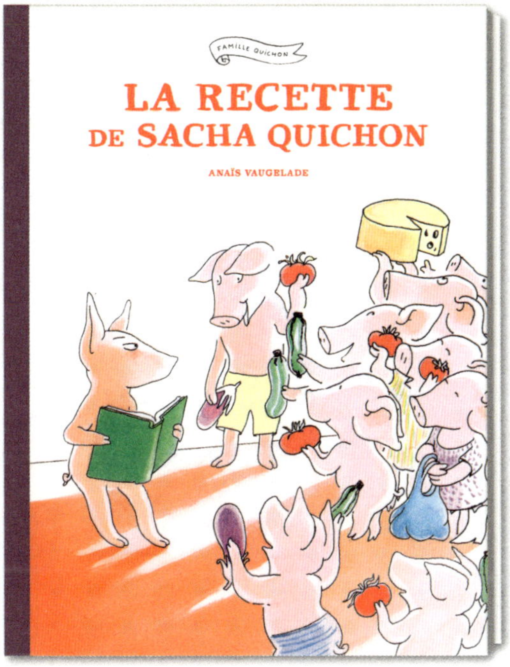

La recette de Sacha Quichon
Anaïs Vaugelade

Aujourd'hui, ni Papa ni Maman Quichon n'ont envie de faire la cuisine. Trop fatigués. Et si c'étaient leurs soixante-treize enfants qui cuisinaient, cette fois ? On tire à la courte paille qui choisira le plat principal, et c'est parti ! Sacha emmène ses frères et sœurs faire les courses pour les lasagnes du soleil… La cuisine à l'huile, c'est bien difficile, mais c'est bien plus beau que des petits pots !

Déjà parus

8,50 €
145 x 200 mm · 36 pages
Relié
Parution en octobre

9 782211 304825

Le premier frère de Mimi Quichon
Anaïs Vaugelade

Il y a très longtemps, du temps ou il était enfant unique, Mimi Quichon avait un frère imaginaire qui s'appelait Heumsteum et ne faisait rien comme lui. Il ne buvait pas de lait, ne mettait pas de manteau, ne regardait pas avant de traverser. Il était libre, Heumsteum. Forcément, cela finit par donner des idées à Monsieur et Madame Quichon, qui se décidèrent à appeler le Bureau International des Adoptions… L'histoire « préquel » de la famille Quichon !

Le retour de **la famille Quichon**, nouveau format, nouvelle maquette !

8,50 €
145 x 200 mm · 36 pages
Relié
Parution en octobre

9 782211 304849

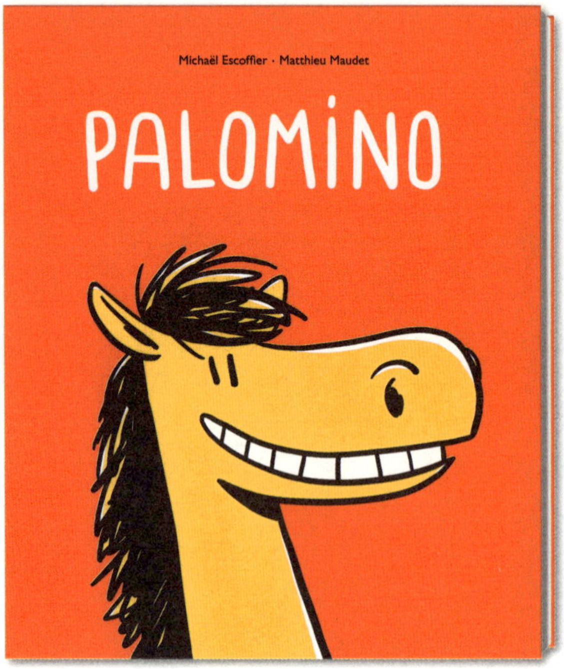

Palomino
Matthieu Maudet et Michaël Escoffier

Palomino le poney veut une petite fille rien qu'à lui. Le problème, c'est que ses parents ne sont pas du tout d'accord. C'est trop de travail ! Et pendant les vacances, qui va s'en occuper ? Palomino ne veut rien savoir. Il est bien décidé à demander conseil à son ami Arizona, qui, lui, a déjà une petite fille. Et voilà qu'Arizona emmène Palomino dans un endroit où l'on en trouve plein…

9 782211 302814

12,20 €
200 x 245 mm · 32 pages
Relié
Parution en octobre

De Biboundé à Zou
Michel Gay

Comme l'Empereur pingouin est fou de son Biboundé, Michel Gay, lui, est fou de ses petits lecteurs et de chacun de ses personnages : Biboundé le pingouin, bien sûr, Zou le zèbre, Cromignon le petit garçon préhistorique, et aussi Gabriel, l'apprenti conducteur de la voiture de Papa. Il sait parfaitement ce que veulent les enfants : grandir mais rester au chaud, désobéir mais pouvoir en rire.

Ce recueil contient :

9 782211 305341

24,80 €
220 x 280 mm · 156 pages
Relié · dos toilé
Parution en octobre

Mon petit cheval Mahabat
Satomi Ichikawa

Pour la première fois, Djamilia vient passer ses vacances dans les montagnes du Kirghizistan, chez ses grands-parents éleveurs de chevaux, qui dorment dans une belle yourte blanche. Mais où est Petit-Noir le poulain ? Parti tout seul à l'aventure, il s'est blessé à la patte. Il faut l'aider à téter sa maman, le rassurer, lui parler doucement, le panser… Djamilia est prête à apprendre tout cela, pour l'amour de Petit-Noir !

9 782211 302432

12,70 €
215 x 265 mm · 40 pages
Relié
Parution en novembre

Fables d'aujourd'hui
Yvan Pommaux

Les fables contemporaines,
si elles montrent nos défauts,
c'est pas pour nous faire de la peine,
mais pour que nous soyons moins faux.
Afin de blâmer la bêtise et la haine,
qui mettent-elles en scène ?
Toujours des animaux.
Il y eut Ésope et La Fontaine,
et nous, nous avons Yvan Pommaux !

9 782211 305242

12,20 €
175 x 215 mm · 56 pages
Relié
Couleurs de Nicole Pommaux
Parution en novembre

Nima et l'ogresse
Chen Jiang Hong et Pierre Bertrand

Dans le monastère de l'Himalaya où vit Nima, c'est la catastrophe. La grande fontaine, seul point d'eau des moines, est à sec ! Que faire ? Le Grand Lama lui confie une mission. Avec Jumpa le yack, il doit se rendre à la source de la Roche Percée et y remplir des outres. Nima se met en route, muni des bénédictions de son supérieur et d'une parole du Bouddha : « Celui qui est maître de lui-même est plus grand que celui qui est maître du monde. »

13,70 €
285 × 280 mm · 40 pages
Relié · dos toilé
Parution en novembre

Non Cornebidouille, pas mon doudou !
Magali Bonniol et Pierre Bertrand

Pierre ne veut toujours pas manger sa soupe… et pour cause : il a craché la sorcière Cornebidouille toute rétrécie dedans, la dernière fois ! Condamné à vider la soupière maudite dans les toilettes, Pierre va dormir tranquille. Mais voilà qu'au beau milieu de la nuit il est réveillé par une Cornebidouille en furie, bien décidée à lui infliger la pire souffrance de sa vie : lui voler son doudou !

9 782211 305419

12,70 €
300 x 245 mm • 36 pages
Relié
Parution en novembre

Un album posthume plein d'espoir de **Tomi Ungerer**, cet infatigable pacifiste disparu en février dernier

Juste à temps !
Tomi Ungerer

L'humanité s'est enfuie sur la Lune. Sur terre, tout est hostile, froid, rectiligne. Dans les rues désertes, Vasco suit son ombre. Elle le guide, le met en garde, et le sauve de mille et un dangers, à chaque fois juste à temps ! Fidèle comme une ombre, elle le conduit aussi à accomplir deux missions : remettre une lettre et sauver la vie de Poco l'orphelin.

9 782211 303828
18,80 €
300 x 210 mm · 56 pages
Relié
Traduit de l'anglais par Rosalind Elland-Goldsmith
Parution en novembre

Mouha
Claude Ponti

Penchée à la fenêtre de sa chambre, Mouha décide d'aller voir le sol de par terre où elle n'est jamais venue. Il y a sûrement plein de choses, d'animaux, de plantes, de personnes et de surprises belles et intéressantes. Peut-être même des énigmes et des mystères rieuses ? Mouha n'est pas déçue. Les monstres de rencontre horribilivicieux, Archikrott, Bâfrafon, Marfagole et Rédédékère ? Elle va n'en faire qu'une bouchée !

9 782211 304726

18,80 €
315 x 205 mm • 48 pages
Relié • dos toilé
Parution en novembre

ALBUMS DU PRINTEMPS 2019

46 pages • 180 x 215 mm • 8,50 €

40 pages • 230 x 230 mm • 10,20 €

40 pages • 230 x 230 mm • 10,20 €

36 pages • 240 x 240 mm • 12,20 €

80 pages • 180 x 225 mm • 13,50 €

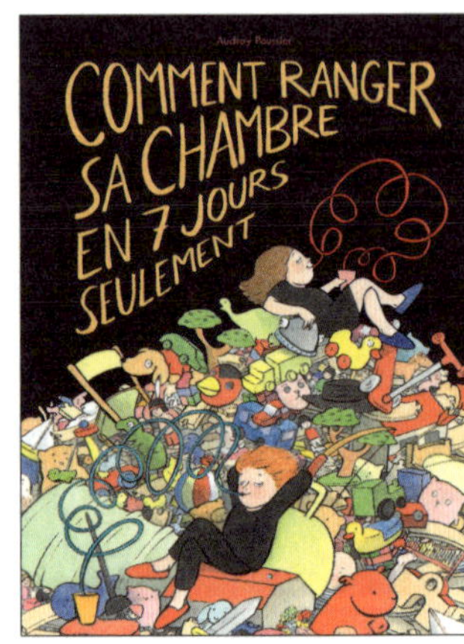

56 pages • 190 x 260 mm • 12,70 €

36 pages • 280 x 200 mm • 13,70 €

36 pages • 240 x 200 mm • 12,20 €

9 782211 301251

36 pages • 220 × 200 mm • 12,20 €

9 782211 236676

44 pages • 220 × 220 mm • 12,20 €

9 782211 301275

24 pages • 170 × 190 mm • 8,00 €

9 782211 239271

36 pages • 230 × 300 mm • 12,20 €

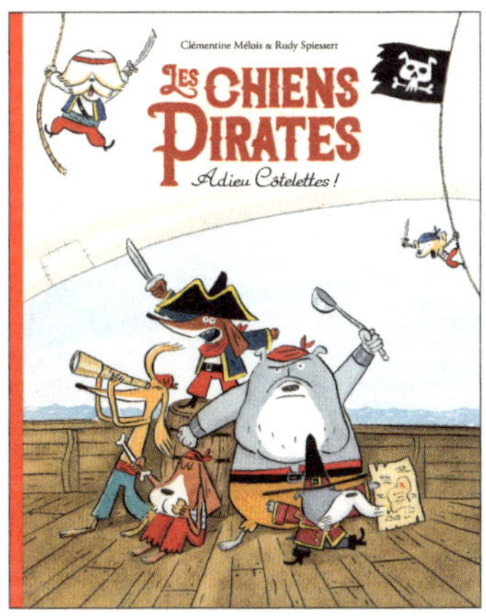

9 782211 238120

80 pages • 200 × 260 mm • 13,50 €

9 782211 237222

32 pages • 290 × 270 mm • 12,70 €

9 782211 301237

32 pages • 220 × 275 mm • 12,70 €

9 782211 239196

40 pages • 270 × 300 mm • 12,70 €

9 782211 236393

48 pages • 250 × 340 mm • 12,80 €

Pastel

illustration **Anne Herbauts** · Matin Minet

Moi je vais sur le pot
Jeanne Ashbé

Qui va sur le pot ? Les animaux ? Bien sûr que non ! Alors nous ? Bébé ? Oui ! Lorsqu'il est prêt. Ça ne vient pas toujours tout de suite, il faut parfois attendre le bon moment. Et là, trilili tralala, le pot, c'est rigolo. Et s'il y a un petit accident, c'est pas grave, Petit Lapin est là pour dédramatiser. À ton tour !

La vie de Jeanne Ashbé est depuis toujours pleine d'enfants. Elle a d'abord été thérapeute du langage avant de créer des livres pour enfants. Elle anime régulièrement des formations à la lecture aux tout-petits.

13,50 €
240 x 215 mm · 46 pages
Relié avec rabat
Parution en août

Deux pour moi, un pour toi
Jörg Mühle

En rentrant à la maison, l'ours cueillit trois beaux champignons. En voilà un délicieux repas ! La belette s'affaira en cuisine, l'ours mit la table et fit le service : « Un champignon pour toi et un champignon pour moi, dit-il. Et encore un pour moi. Comme ça c'est juste. » Le ton monta entre les deux amis. Un renard passa par là et engloutit le champignon de la colère. Quel culot !

Jörg Mühle est né à Francfort. Graphiste et illustrateur indépendant de livres pour enfants et de magazines illustrés, également membre de l'Atelier-communauté « Labor », il vit à Francfort et sa fille est sa lectrice privilégiée.

12,50 €
195 x 276 mm · 32 pages
Relié
Traduit de l'allemand par Svea Winkler-Irigoin
Parution en août

Le tout premier bobo
Michel Van Zeveren

Un jour, il y a fort fort longtemps, Koko est parti à la chasse. « Où kil è Papa ? » a demandé Crasse, avant d'aller voir s'il n'était pas parti par là. Mais là, qui voilà ? C'est Maman : « Gaffe o bobos, mon bébé ! » Puis Crasse est partie tout là-bas, quand… Boum ! Le tout premier bobo est apparu !

Michel Van Zeveren est né à Gand. Il est auteur-illustrateur de livres pour enfants et travaille parfois pour la presse et la bande dessinée. Il habite près de Bruxelles avec sa femme et sa fille.

9 782211 239233

13,20 €
295 x 210 mm · 48 pages
Relié
Parution en septembre

Dans la même série

OFF-Pastel
une collection
de livres d'humeur
de livres d'humour
qui parlent aux enfants
et aussi aux plus grands
Des livres singuliers
avec un brin de folie
ou de philosophie
Qui sortent des rails
sans toutefois dérailler
quoique

Thomas et la jupe
Francesco Pittau

Thomas se sent parfois seul, alors il parle aux animaux. Il aime aussi les belles choses, c'est pour ça qu'il aime porter un chapeau avec une plume pour saluer la chatte et ses chatons et qu'il aime porter une jolie jupe pour faire des tourbillons. Les autres se moquent. Sauf Sophie, qui lui fait oublier ses peines et l'aide à réaliser que la différence est une force.

Francesco Pittau vit en Belgique. Il est auteur et concepteur de plus d'une centaine de livres pour enfants. Poète pour la jeunesse et pour les adultes, il devient aussi l'illustrateur de ses livres.

9 782211 239707

10,00 €
140 x 190 mm · 48 pages
Relié
Parution en septembre

OFF-Pastel

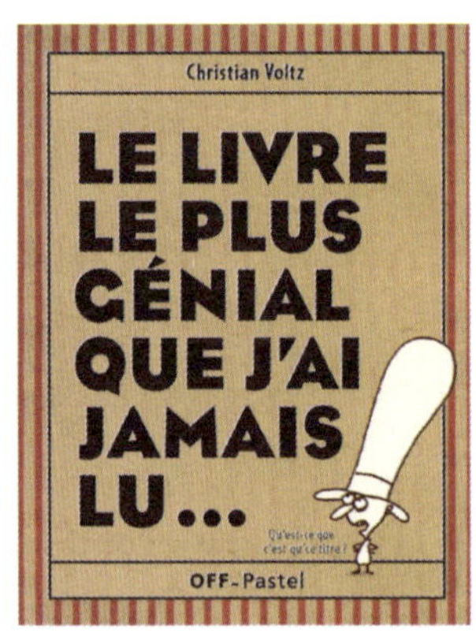

Moins bête
Sébastien Joanniez et Régis Lejonc

Aujourd'hui, j'ai appris à dire: «spectacle».
Maintenant, il me reste: «élastique» et «catastrophe».
Aujourd'hui, j'ai appris à boire à la bouteille. Je me suis rafraîchi les chaussettes.
Aujourd'hui, j'ai appris que mes parents s'aimaient avant ma naissance. C'est un peu ma préhistoire.
Et toi, qu'as-tu appris aujourd'hui?

Sébastien Joanniez commence sa carrière par le théâtre, à Lyon, où il travaille comme auteur, metteur en scène et comédien. Son œuvre alterne littérature jeunesse et adulte.
Régis Lejonc est né dans les Alpes et vit à Bordeaux. Après des débuts dans la peinture, il se consacre essentiellement à l'illustration de livres pour enfants.

9 782211 239721

10,00 €
140 x 190 mm · 48 pages
Relié
Parution en septembre

OFF-Pastel

Albert et Georges
Rascal et Edith

Une seule visite au Jardin des plantes avait suffi au jeune Albert pour rêver de la vie avec un grand singe. Lorsque l'occasion se présenta, Albert ne la laissa pas passer sous son nez! Georges entra dans la vie d'Albert, et inversement. Albert était ordonné, bien élevé et travaillait beaucoup. Georges était le contraire et ne pensait qu'à s'amuser. Mais un jour, les rôles s'inversèrent…

Rascal a décidé de se consacrer aux livres pour enfants après avoir fait de nombreux métiers. Il est à la fois auteur et illustrateur, et vit en Belgique.
Edith est née à Marseille et vit au Havre. Illustratrice et affichiste, elle est principalement auteure de bande dessinée. En parallèle, elle explore le domaine des livres pour enfants.

9 782211 238458

11,00 €
200 x 230 mm · 32 pages
Relié
Parution en septembre

C'est mon arbre
Olivier Tallec

J'adore cet arbre. C'est MON arbre ! dit le bel écureuil roux. J'adore manger MES pommes de pin à l'ombre de MON arbre. C'est MON arbre et ce sont MES pommes de pin. Tout le monde doit savoir que ce sont MES pommes de pin et que c'est MON arbre. Que faudrait-il faire pour le protéger des autres ?

Olivier Tallec est né en Bretagne. Après l'École supérieure d'arts appliqués Duperré, il voyage en Asie, puis au Brésil, à Madagascar, au Chili… Aujourd'hui, il travaille à Paris comme illustrateur pour la presse et l'édition.

9 782211 301992

12,50 €
200 × 280 mm · 36 pages
Relié
Parution en septembre

La Cavale
Ulf Stark, illustré par Kitty Crowther

Cette fois-là, j'étais venu tout seul à l'hôpital pour rendre visite à Grand-père. Papa n'avait pas envie de venir souvent. Parce que Grand-père était compliqué. « Ici, je suis en cage. Comme un animal ! » rugissait-il. « On ne pourrait pas sortir Grand-père de là ? » ai-je pensé.
C'est comme ça que Gottfrid, aidé de Ronny, le boulanger-mécanicien, organise un voyage rocambolesque jusqu'à la Maison de la Falaise, pour retrouver la merveilleuse confiture d'airelles de Grand-mère. Ensemble, ils prennent le large pour cette dernière aventure.

Ulf Stark, né à Stockholm, est considéré comme un des plus grands écrivains suédois pour enfants et adolescents.
La Cavale est son dernier roman. Ulf Stark est mort en 2017.
Kitty Crowther est née à Bruxelles. La littérature enfantine, principalement anglophone et scandinave, l'a toujours passionnée. En 2010, elle a reçu l'Astrid Lindgren Memorial Award pour l'ensemble de son œuvre.

14,50 €
135 x 195 mm · 152 pages
Roman (illustré en couleurs) · Relié
Traduit du suédois par Alain Gnaedig
Parution en septembre

Je veux un éléphant
Kristien Aertssen

Chaque matin, Elisa range ses animaux en peluche sur le canapé. Seul son petit éléphant préféré l'accompagne partout. «Ne voudrais-tu pas un petit animal de compagnie ? lui propose sa maman. Un joli poisson, un petit chien, un perroquet ou même un poney ?» Non, ce que veut Elisa, c'est un éléphant, qui impressionnera tout le monde, jouera de la trompe et l'emmènera dans un pays fantastique qu'elle partagera avec le lecteur.

Kristien Aertssen est née à Anvers. Elle vit actuellement à Gand. Ses principales sources d'inspiration sont les arts primitifs et naïfs, les miniatures indiennes et islamiques, les dessins d'enfants et les jouets.

11,50 €
210 x 190 mm · 24 pages
Relié avec rabats
Parution en septembre

Si tu as peur du noir
Schéhérazade et Rascal

Le noir te fait peur, mon petit ? Regarde par la fenêtre, les lumières de la ville sont si douces. Elles ne suffisent pas à te réconforter ? Il fait encore trop noir pour que tu t'endormes ? Une veilleuse serait un excellent gardien de tes nuits. Tu la préfères en forme de nuage ou de lapin ?

Schéhérazade Zeboudji a passé toute son enfance au cœur du Vieux-Nice. Elle a toujours aimé l'école et les livres ont été ses premiers voyages. Aujourd'hui, elle est professeure des écoles. **Si tu as peur du noir** est sa première histoire.
Rascal a décidé de se consacrer aux livres pour enfants après avoir exercé de nombreux métiers. Il est à la fois auteur et illustrateur. «La création est chez moi intimement liée à la joie. À la joie de donner forme à ce qui était caché.»

10,50 €
200 x 170 mm · 32 pages
Relié
Parution en octobre

L'histoire du soir
Sally Grindley et Peter Utton

Difficile de s'endormir la veille de son anniversaire ! Heureusement qu'il y a l'histoire du soir. Robin demande toujours la même : « Bonsoir Dragons ». Tiens, ce livre se trouve justement dans le livre qui se trouve dans tes mains. Et si, au milieu de la nuit, un glapissement de petit dragon retentit… Hiiiiiii ! D'où vient ce bruit ?
Du livre de Robin ? Ou du tien ?

Sally Grindley est née en Angleterre où elle vit actuellement avec sa famille. Après avoir travaillé dans la presse enfantine, elle se consacre aux livres pour enfants.
Peter Utton est né dans l'Essex, en Angleterre, et y vit toujours actuellement. Après avoir travaillé en tant que professeur et graphiste, il est devenu auteur-illustrateur.

9 782211 301794

14,50 €
270 x 270 mm · 32 pages · Relié
Et le petit livre dans le livre :
168 x 168 mm · 16 pages · Broché
Traduit de l'anglais (Royaume-Uni) par Maurice Lomré
Parution en octobre

Des mêmes auteurs

Matin Minet · Le Point du jour
Anne Herbauts

Une nuit, Matin Minet fit un gros cauchemar. Comme il se rendormit à l'envers pour bien rêver, il se trouva réveillé par un brin de lumière, juste au coin de l'œil. Ainsi commencent sa quête du Point du jour et ses surprenantes rencontres dans la forêt.

Anne Herbauts est née à Bruxelles. Elle a fait ses études supérieures à l'Académie des beaux-arts de Bruxelles en Illustration et Bande dessinée. Elle a depuis signé une quarantaine d'albums pour enfants (et pour les grands).

9 782211 301749

11,50 €
160 x 210 mm · 40 pages
Relié
Parution en octobre

Le pays des Chintiens · Les Îles
Anne Brouillard

Killiok et ses amis embarquent à bord d'un bateau de croisière pour assister au spectacle de Vari Tchésou, le magicien rouge. Ils découvrent rapidement que les Nuisibles se sont mêlés aux passagers et que des Bébés Mousse se sont introduits clandestinement dans le bateau. Ce voyage ne sera donc pas de tout repos et les conduira dans les abysses du Pays noyé et sur le sol du Pays Comici.

Anne Brouillard est née à Louvain, en Belgique, d'un père belge et d'une mère suédoise. Elle est auteure et illustratrice d'une quarantaine de livres. Elle a reçu en 2015 le Grand Prix triennal de littérature de jeunesse de la Fédération Wallonie-Bruxelles, en Belgique.

9 782211 233521

18,00 €
220 x 298 mm · 80 pages
Relié
Parution en octobre

Dans la même série

Imagine un loup
Emmanuel Lecaye et Marc Majewski

Imagine un loup perdu dans une forêt qui découvre un arbre magique, quand soudain…
Imagine un cheval intrépide galopant à travers le monde faire halte face à un spectacle incongru…
Imagine une sirène solitaire qui vit dans une ville au fond de l'océan, quand un matin…
Tu te réveilles accompagné dans tes rêves par ces douze histoires du soir dont tu as imaginé la suite.

Emmanuel Lecaye est né sur l'île de la Réunion. Il voyage beaucoup, aime inventer des histoires quelle que soit leur forme (films, contes, chansons…). Il aime aussi le rock, les westerns et l'Italie.
Marc Majewski est né en France. Il se découvre dès l'enfance une passion pour l'illustration et le dessin. Il a étudié la peinture, l'illustration, le graphisme à l'école Pivaut de Nantes. Il vit à Berlin.

9 782211 239172

15,00 €
235 x 340 mm · 32 pages
Relié
Parution en octobre

Les aventures de Petit Lapin
Harry Horse

Retrouvez Petit Lapin dans ces histoires délicieuses, où il attend l'arrivée de son petit frère, où il se prépare à aller à l'école pour la première fois, et où il aimerait tellement recevoir une belle luge rouge de Lapin Noël… Ce recueil contient trois histoires: **Un nouveau bébé chez Petit Lapin**, **Petit Lapin va à l'école** et **Le Noël de Petit Lapin**.

Harry Horse a écrit et illustré de nombreux livres pour les enfants, traduits dans plusieurs langues, et il a également travaillé comme caricaturiste politique. Il est décédé en 2007.

9 782211 302098

17,50 €
260 x 215 mm · 104 pages
Relié
Traduit de l'anglais (Royaume-Uni) par Claude Lager
Parution en octobre

Tu ne dors pas, Isidore ?
Frédéric Stehr

L'hiver, tous les ours hibernent. Tous ? Non ! Isidore n'a pas sommeil. Une question lui traverse l'esprit: est-ce que tout le monde dort l'hiver ? Pour le savoir, il quitte sa grotte et se met en route. Grâce à cette expédition mouvementée, l'hiver d'Isidore ne sera finalement pas aussi solitaire et ennuyeux que prévu.

Frédéric Stehr est né à Paris. Il a fréquenté très brièvement la section sérigraphie de l'École professionnelle supérieure des arts graphiques de Paris. Il a publié une soixantaine d'albums pour la jeunesse et il vit aujourd'hui à Bruxelles.

9 782211 302852

12,50 €
170 x 240 mm · 56 pages
Relié
Parution en novembre

9,00 €
160 x 160 mm • 28 pages
9 782211 238427

10,00 €
180 x 250 mm • 32 pages
9 782211 239059

10,50 €
200 x 200 mm • 32 pages
9 782211 238472

10,00 €
180 x 280 mm • 16 pages
9 782211 239134

13,00 €
230 x 230 mm • 48 pages
9 782211 239554

11,00 €
200 x 230 mm • 30 pages
9 782211 236638

11,70 €
200 x 240 mm • 36 pages
9 782211 238106

14,00 €
250 x 240 mm • 48 pages
9 782211 302487

12,00 €
230 x 230 mm · 48 pages
9 782211 237697

12,50 €
200 x 260 mm · 32 pages
9 782211 239103

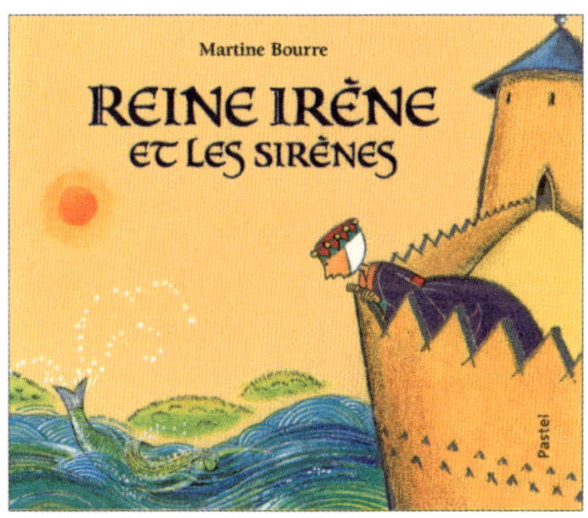

13,00 €
270 x 235 mm · 40 pages
9 782211 237673

11,00 €
200 x 230 mm · 44 pages
9 782211 238717

11,50 €
170 x 240 mm · 40 pages
9 782211 238052

13,50 €
228 x 266 mm · 40 pages
9 782211 236782

9,70 €
150 x 210 mm · 32 pages
9 782211 236706

kaléidoscope

Le pigeon DOIT aller à l'école !
Mo Willems

Le pigeon ne veut vraiment, vraiment, vraiment pas aller à l'école. À TON avis, a-t-il raison ?

Mo Willems a été scénariste et animateur de *Sesame Street*. Avec plus de cent courts-métrages et séries télévisées à son actif, ses dessins animés ont été projetés partout dans le monde. Auteur à succès du *New York Times*, récompensé aux Emmy Awards et trois fois lauréat du Caldecott Honor, Mo habite dans le Massachusetts avec sa femme et sa fille.

Retrouvez le pigeon dans :

13,00 €
228 x 228 mm · 40 pages
Relié
Traduit de l'anglais (États-Unis) par C. Guénot
Parution en août

La souris qui voulait peindre
Aude Picault

La petite souris Ludivine découvre la peinture par hasard, au détour d'un déménagement. Sa nouvelle passion pourrait mettre toute sa famille en danger. Attention, Ludivine !

Née en 1979, Aude Picault a obtenu le diplôme en communication visuelle des Arts Décoratifs de Paris. Graphiste puis auteure à succès de bandes dessinées et d'albums jeunesse, elle dessine depuis l'enfance et joue du trombone avec sa fanfare. Aude vit à Paris.

13,00 €
198 x 220 mm · 32 pages
Relié
Parution en août

Ninie !
Michaël Escoffier et Kris Di Giacomo

« Bonne nuit, Ninie. »
« Tu peux laisser la lumière allumée ? »
« Tu as peur du noir ? »
« Non, c'est pour mieux voir mes rêves. »

Embarquez avec Ninie et son doudou dans sept histoires pleines de tendresse et d'humour.

Michaël Escoffier a écrit beaucoup de livres. Il a reçu quelques prix. Des fois, il fait autre chose, comme aller à la plage ou manger des pizzas.

D'origine américaine, Kris Di Giacomo habite à Paris depuis vingt ans. Elle a suivi des études de peinture à la Parsons School of Design pour découvrir plus tard sa passion pour l'illustration.

13,50 €
217 x 269 mm • 48 pages
Relié
Parution en août

Florette
Anna Walker

Maé déménage en ville. Et, dans la ville, pas de jonquilles, pas de pommiers, pas de jardins. La nature lui manque terriblement. Jusqu'à cette découverte inattendue…

Une histoire qui célèbre la résilience face au changement et la magie de la nature.

Ancienne graphiste, Anna Walker écrit et illustre des livres pour enfants dans son atelier de Melbourne, en Australie. Elle s'inspire des détails de sa vie quotidienne, et l'aquarelle est sa technique de prédilection. *Florette* est son premier album chez Kaléidoscope.

13,50 €
241 x 276 mm • 40 pages
Relié
Traduit de l'anglais (États-Unis) par R. Elland-Goldsmith
Parution en août

Retrouvez Elmer dans :

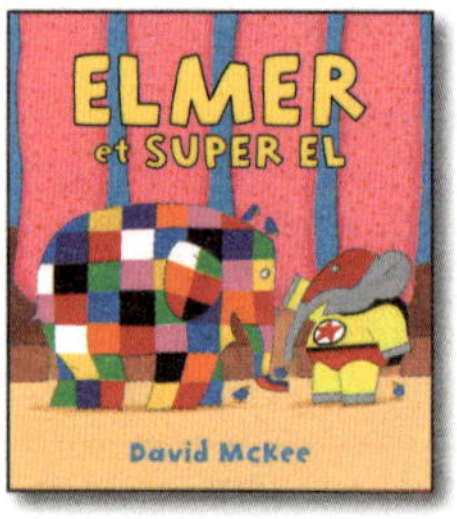

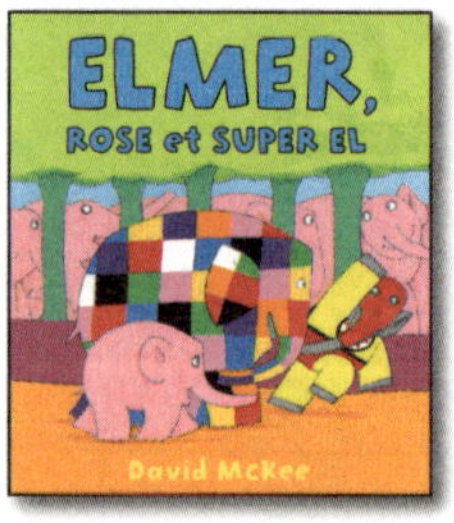

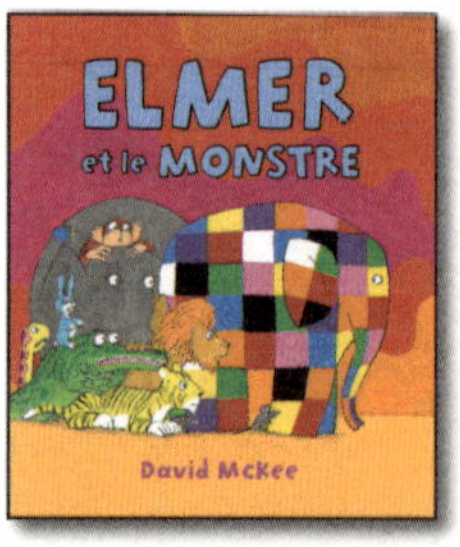

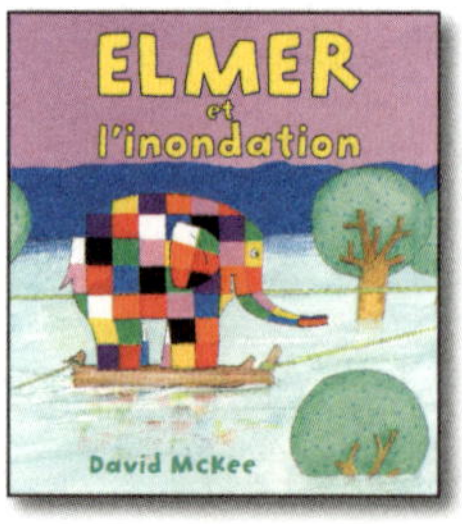

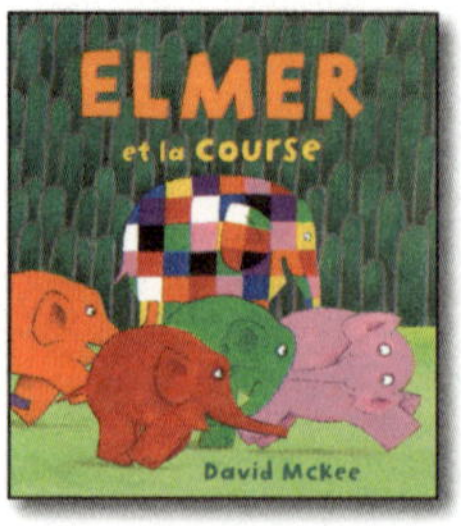

L'anniversaire d'Elmer
David McKee

Demain, c'est l'anniversaire d'Elmer. Les animaux de la jungle lui préparent une surprise. Attention, Elmer ne doit se douter de rien !

David McKee est né en 1935 dans le Devon. Après des études au Plymouth Art College, il a vendu ses premiers dessins humoristiques à des journaux (*Punch*, *Reader's Digest*, *The Times*...) alors qu'il était encore à l'université. Il a écrit et illustré plus de 50 albums dont 26 aventures d'Elmer, puisant son inspiration dans le travail de Saul Steinberg et d'André François.

9 782877 675468

12,00 €
200 x 230 mm • 32 pages
Relié
Traduit de l'anglais (Royaume-Uni) par R. Elland-Goldsmith
Parution en août

Lucette à bicyclette
Christine Naumann-Villemin et Soufie Régani

Aujourd'hui est un grand jour. Lucette a décidé d'apprendre à faire de la bicyclette. Sans roulettes. Il n'y a pas de temps à perdre : ce soir, Lucette doit être une grande. Mais pourquoi est-elle si pressée ?

Biographie de Christine Naumann-Villemin page 54.

Après des études d'arts appliqués, Soufie Régani travaille comme graphiste puis se lance dans l'illustration à plein temps. Elle a écrit et illustré une trentaine de livres pour enfants. Elle vit dans le Jura avec son ami musicien et leurs deux filles.

9 782877 676076

13,00 €
210 x 297 mm • 32 pages
Relié
Parution en août

Un renard • Un livre à compter haletant
Kate Read

Un renard affamé est à l'affût. Avec ses deux yeux rusés, il guette trois poules dodues…

Ce livre à compter plein de suspens te tiendra en haleine, de un… jusqu'à cent !

Kate Read a suivi une formation de décoratrice de théâtre avant d'obtenir un diplôme en illustration à la Cambridge School of Art. Inspirée par la recherche de couleurs et de textures, elle affectionne la technique du collage. Elle vit à East Anglia, en Angleterre. *Un renard, un livre à compter haletant* est son premier album.

9 782877 676083

13,00 €
250 x 250 mm • 36 pages
Relié
Traduit de l'anglais (Royaume-Uni) par C. Guénot
Parution en septembre

Retrouvez Nina dans :

La tétine de Nina tout-carton Christine Naumann-Villemin et Marianne Barcilon

Nina est une petite fille qui sait ce qu'elle veut.
Et ce qu'elle veut, c'est sa tétine.
Aujourd'hui, demain et toujours.
Jusqu'au jour où elle rencontre quelqu'un
qui en a vraiment besoin...

Un classique enfin en édition cartonnée !

Dans une autre vie, Christine Naumann-Villemin était orthophoniste. C'est pour ses petits patients qu'elle a commencé à inventer des histoires. Aujourd'hui, Christine est professeure-documentaliste. Elle est d'origine lorraine et a trois enfants.

Marianne Barcilon est née en 1969, à Paris. Diplômée des Beaux-Arts, elle a aussi étudié le dessin animé et réalisé des effets spéciaux pour le cinéma et la publicité. Marianne vit en banlieue parisienne avec son fils, sa fille et son amoureux.

9 782877 676052

9,90 €
197 × 158 mm • 26 pages
Tout-carton
Parution en août

13,00 €
260 x 210 mm • 40 pages
Relié
Parution en septembre

Ça déménage !
Fred Paronuzzi et Marianne Barcilon

« Hein ? Quoi ? Comment ?
Partir, mais pourquoi ? »
Philibert n'a aucune envie de quitter sa grotte, mais il est bien obligé de suivre ses parents à la recherche d'une nouvelle maison.
Et si c'était le début de nouvelles aventures et de belles rencontres ? Lecteur, accroche-toi !
Avec la famille Chauve-Souris... ça déménage !

Fred Paronuzzi est né en 1967. Il a longtemps voyagé de par le monde et a enseigné le français au Canada, en Écosse et en Slovaquie, avant de retourner vivre dans sa Savoie natale.
Outre ses activités d'écrivain et de scénariste BD, il est aujourd'hui professeur d'anglais.

Histoire de Chocolat
Fani Marceau et Christine Davenier

« Tu aimes le chocolat ? Moi, j'adore ! dit le petit ours. Et si tu m'en donnes, je te raconte mon histoire... »

D'abord Malouine, puis Parisienne, Fani Marceau a fait des études d'architecture. Elle a été journaliste et éditrice chez différents éditeurs jeunesse. Aujourd'hui, elle écrit des albums en compagnie des illustrateurs.trices, ses complices.

Née en 1961 à Tours, Christine Davenier a étudié aux Arts appliqués de Paris, puis à la Rhode Island School of Design. Outre les albums, elle a conçu des objets pour les Cristalleries Saint-Louis, l'orfèvre Puiforcat et Hermès. Elle vit à Paris avec sa fille.

9 782378 880002

14,00 €
230 x 330 mm • 32 pages
Relié
Parution en septembre

Un tigre s'est échappé !
François Soutif

Attention, lecteur ! Un tigre rôde dans ces pages. Pour éviter une catastrophe, il faut faire quelque chose… et vite ! Et si tu commençais par ouvrir le livre ?

Après des études d'arts plastiques à Rennes, François Soutif a longtemps enseigné cette discipline dans un collège de la banlieue parisienne. Aujourd'hui, il est retourné vivre en Bretagne, où il partage son temps entre le dessin, la sculpture, l'enseignement des arts plastiques, l'illustration et le chant.

9 782877 676090

13,00 €
180 x 230 mm • 32 pages
Relié avec flap
Parution en septembre

Le livre des erreurs
Corinna Luyken

Un dessin. Une tache. Oh, non !
Dans ce livre, tout a commencé par une erreur.

Une ode à l'imaginaire et à la créativité pour regarder ses erreurs avec bienveillance.

Née en 1978 en Californie, Corinna Luyken est une illustratrice autodidacte. Elle vit à Olympia, dans l'État de Washington, avec son mari et sa fille. C'est cette dernière qui lui a inspiré *Le livre des erreurs*, son premier album.

9 782877 676120

14,00 €
240 x 290 mm • 56 pages
Relié
Traduit de l'anglais (États-Unis) par R. Elland-Goldsmith
Parution en septembre

La valise
Chris Naylor-Ballesteros

Quand un étranger arrive un jour avec sa valise, les animaux s'inquiètent…
« Que fait-il ici ? »
« D'où vient-il ? »
« Et qu'y a-t-il dans cette valise ? »
Parviendront-ils à dépasser leurs préjugés ?

Une histoire de tolérance et d'ouverture pour sensibiliser à l'accueil des réfugiés.

Chris Naylor-Ballesteros a grandi à Bradford, dans le nord de l'Angleterre. Musicien et graphiste, il vit désormais à Limoges avec sa femme et ses trois enfants. *La valise* est son premier album chez Kaléidoscope.

9 782877 677974

13,00 €
270 x 270 mm • 32 pages
Relié
Traduit de l'anglais (Royaume-Uni) par C. Guénot
Parution en octobre

Retrouvez Igor dans :

Blanchet et les 7 chevreaux
Geoffroy de Pennart

Igor a un miroir magique. Régulièrement, il l'interroge : « Miroir, mon beau miroir, qui est le plus chic de la forêt ? »
Et le miroir répond : « Igor, c'est toi, de l'élégance, tu es le roi. »
Et Igor est content. Jusqu'à l'arrivée d'un chevreau prénommé Blanchet...

Geoffroy de Pennart est né en 1951, à Paris. Diplômé de l'École supérieure d'arts graphiques en 1974, il s'inscrit comme travailleur indépendant. Ses premiers travaux rémunérés sont des cartes de géographie, puis il obtient des commandes de différents journaux, et enfin il gagne sa vie en faisant des illustrations et du graphisme pour les entreprises. Geoffroy de Pennart vit à Bordeaux. Il a deux filles.
Son site : http://www.geoffroydepennart.com/

13,00 €
180 x 245 mm • 40 pages
Relié
Parution en septembre

Geoffroy de Pennart : l'humour au service des enfants

Couverture provisoire

Les loups sont revenus !
4 histoires d'Igor et Lucas
Geoffroy de Pennart

Pour fêter les 25 ans du *Loup est revenu !*,
les quatre premières aventures des loups sont enfin réunies dans une grande anthologie :

- *Le loup est revenu !*
- *Le loup sentimental*
- *Le déjeuner des loups*
- *Je suis revenu !*

« Le loup est vraiment un personnage formidable. Dès qu'il apparaît, il y a une histoire. Il suffit de dire, par exemple, Le loup est revenu ! *et hop, c'est parti ! »*
G. de P.

9 782378 880170

18,00 €
185 x 255 mm • 152 pages
Couverture souple à rabats
Parution en novembre

Pourquoi ?
Laura Vaccaro Seeger

« Pourquoi ? Pourquoi ? Pourquoi ? »
Dans la tête d'un petit lapin, les questions se bousculent. Il voudrait TOUT savoir. Mais son compagnon est parfois bien en peine de lui répondre. Il y a vraiment des « pourquoi ? » plus difficiles que d'autres...

Auteure et illustratrice américaine, Laura Vaccaro Seeger reçoit régulièrement les récompenses les plus prestigieuses (Caldecott Honor, Emmy Award...). Elle vit dans l'État de New York, à Long Island, avec son mari et leurs deux enfants.

13,00 €
203 x 254 mm • 40 pages
Relié
Traduit de l'anglais (États-Unis) par C. Guénot
Parution en octobre

Une pierre dans l'univers
Brendan Wenzel

À sa place, éternelle, au cœur de l'univers,
dans l'eau, l'herbe et la terre, reposait une pierre.

Tous les animaux qui peuplent la nature croisent cette pierre. Et chacun la perçoit différemment. Mais, quoi qu'il arrive, la pierre sera toujours là. Immuable.

Un jeu d'observation et une réflexion sur le passage du temps.

Diplômé du Pratt Institute, Brendan Wenzel a travaillé dans l'animation, la presse et a publié de nombreux livres pour enfants. Il collabore avec des organisations protégeant les espèces menacées, particulièrement en Asie du Sud-Est.

Du même auteur :

14,00 €
280 x 230 mm • 56 pages
Relié
Traduit de l'anglais (États-Unis) par R. Elland-Goldsmith
Parution en octobre

Le Petit Chaperon rouge
Beatrix Potter et Helen Oxenbury

Dans un texte inédit, Beatrix Potter livre sa version, pleine de suspens, du conte original de Charles Perrault. Les magnifiques illustrations de Helen Oxenbury en révèlent toute la poésie champêtre et donnent une dimension nouvelle, non dénuée d'humour, à ce classique des classiques.

Beatrix Potter est née à Londres en 1866. Elle grandit dans l'ambiance austère de la haute bourgeoisie victorienne et croque tout ce qui l'entoure, faune et flore. *Les aventures de Pierre Lapin*, publiées chez Gallimard, ont fait sa renommée internationale.

Née en 1938 en Grande-Bretagne, Helen Oxenbury est auteure et illustratrice de nombreux livres pour enfants. Spécialisée dans le design théâtral, elle a commencé par dessiner des costumes pour le théâtre et le cinéma. Elle vit dans le nord de Londres et a été l'épouse du célèbre John Burningham, décédé en 2019.

9 782378 880033

13,50 €
203 x 255 mm • 48 pages
Relié
Traduit de l'anglais (Royaume-Uni) par R.-M. Vassalo
Parution en octobre

Le lièvre et les lapins
Timothée Le Véel

Par un beau matin d'été, le jour se lève sur la garenne. Des lapins sortent, impatients, de leur terrier. Tous semblables, tous des lapins. Tous ? Non. Un lièvre se trouve parmi eux...

Timothée Le Véel est né à Paris en 1979. Passionné par le mouvement et l'expression corporelle, il a obtenu un diplôme de stylisme et de modélisme et pratiqué la danse pendant de nombreuses années. Il se consacre désormais essentiellement au dessin.

Du même auteur :

9 782877 676144

14,00 €
230 x 320 mm • 32 pages
Relié
Parution en novembre

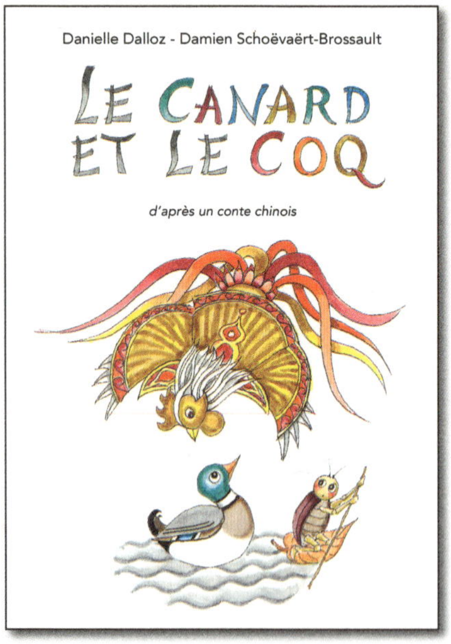

Le canard et le coq
Danielle Dalloz et Damien Schoëvaërt-Brossault

Dans une contrée lointaine de Chine, un coq imagine que son chant fait lever le jour. L'orgueilleux se moque sans cesse de ses compagnons de basse-cour. Jusqu'au moment où un modeste canard le fait douter de sa supériorité…

Psychanalyste et psychologue, Danielle Dalloz est l'auteure d'essais qui invitent à repenser notre façon d'être avec les enfants. Dans la lignée de Françoise Dolto, elle traite de sujets aussi variés que la jalousie, le mensonge, les rêves...

Damien Schoëvaërt-Brossault est né à Paris en 1946 de parents artistes graveurs. Chercheur à l'université Paris Sud, il enseigne l'embryologie et la micro-anatomie. En 1981, il fonde le Théâtre au Clair de Lune et crée des spectacles de livres animés.

15,90 €
165 x 240 mm • 32 pages
Livre animé
Parution en octobre

Un Noël presque parfait
Emily Gravett

Après Chers Maman et Papa, *Sunny le suricate est de retour !*

Pas de neige, pas de sapins, pas de choux bouillis... Sunny en est certain : un Noël dans le désert du Kalahari n'est pas un *vrai* Noël. Il part donc autour du monde à la recherche du Noël PARFAIT. Mais peut-être faut-il simplement être auprès des siens ?

Emily Gravett est née, a grandi et a fait ses études à Brighton, en Angleterre. C'est aussi là qu'elle s'est installée après huit ans passés à voyager. Elle vit avec son compagnon plombier, leur fille et deux rats. Emily a remporté le prix Macmillan en 2004.

Retrouvez Sunny dans :

15,30 €
270 x 216 mm • 32 pages
Livre animé (7 cartes postales à ouvrir)
Traduit de l'anglais (Royaume-Uni) par R. Elland-Goldsmith
Parution en octobre

Albums du printemps 2019

32 pages • 240 × 300 mm • 13,50 €

36 pages • 229 × 330 mm • 13,50 €

32 pages • 245 × 270 mm • 13,00 €

22 pages • 240 × 290 mm • 12,00 €

40 pages • 270 × 270 mm • 13,00 €

40 pages • 203 × 204 mm • 12,50 €

32 pages • 235 × 280 mm • 13,00 €

32 pages • 250 × 250 mm • 13,00 €

32 pages • 240 × 300 mm • 13,50 €

32 pages • 260 × 300 mm • 15,00 €

32 pages • 250 × 290 mm • 13,50 €

26 pages • 210 × 210 mm • 11,00 €

32 pages • 232 × 298 mm • 13,50 €

JEUX

Croque-bisous et la course aux lucioles
D'après l'univers de Kimiko

Soyez le premier à rejoindre Croque-bisous au centre du plateau. Mais attention aux chauves-souris qui mangent les lucioles !

Le joueur lance le dé. Il parcourt le plateau et retourne une carte. Le premier à avoir récolté son doudou et ses trois lucioles pour rejoindre Croque-bisous a gagné.

11,90 €
Dès 3 ans • 2 à 4 joueurs
Durée : 10 minutes
Mémorisation - Observation - Stratégie
1 plateau • 1 dé • 44 cartes • 4 pions
Parution en août

La famille Souris cherche et trouve
D'après l'univers de Kazuo Iwamura

Réunissez-vous autour d'un plateau de jeu et observez les images des jetons. Saurez-vous toutes les retrouver ?

Les joueurs piochent tour à tour un jeton qu'ils posent sur le plateau. À tout moment, des jetons « Indices » ou « Défis » peuvent sortir. Complétez les quatre plateaux et célébrez votre victoire ensemble !

11,90 €
Dès 3 ans • 1 à 4 joueurs
Durée : 15 minutes
Mémorisation - Déduction
2 plateaux recto verso • 65 jetons
Parution en octobre

La Gigantomaskmarade

D'après l'univers de Claude Ponti

Il faudra être malin comme Blaise pour gagner la partie.

Après avoir lancé le dé, les joueurs parcourent le plateau et retournent des cartes superigolmarrantes. Celui qui obtient le pion « Poussin masqué » devient Blaise et fait ce qu'il veut. Le premier à avoir reconstitué son puzzle « Poussin » et récupéré le masque a gagné.

3 127020 500697

19,90 €
Dès 6 ans • 2 à 5 joueurs
Durée : 20 minutes
Rapidité - Stratégie - Humour
1 plateau • 1 dé • 35 cartes • 10 pions
21 pièces de puzzle
Parution en novembre

La maison hantée de Petit Vampire

D'après l'univers de Joann Sfar

Soyez le premier à collecter cinq cartes « Armes » pour vaincre le Gibbous en duel. Prenez garde, des gages et d'autres pièges vous attendent.

Les joueurs lancent le dé et parcourent le plateau. En chemin, ils réalisent des défis et doivent cumuler cinq cartes « Armes » pour allez vaincre le terrible Gibbous.

3 127020 500505

19,90 €
Dès 7 ans • 2 à 6 joueurs
Durée : 20 minutes
Humour - Jeu de parcours - Stratégie
Déplacement
1 plateau • 1 dé • 80 cartes • 7 pions
Parution en novembre

petite bibliothèque

Sélection d'albums incontournables
de *l'école des loisirs*

C'est à moi, ça !
Michel Van Zeveren

Dans la jungle, terrible jungle… une petite grenouille a trouvé un œuf. Il est beau, il lui plaît, elle le veut, elle le prend. Mais voilà que tous les autres animaux, serpent, aigle et varan, se mettent à prétendre que l'œuf leur appartient. Ils se le disputent et grognent chacun son tour : « C'est à moi, ça ! » Ah, instinct de possession, quand tu nous tiens… Soudain, on entend un grand cri. Un barrissement ! Aïe, dans la bagarre, l'œuf est tombé sur la tête de l'éléphant…

9 782211 302197

6,50 €
120 x 160 mm • 40 pages
Relié • dos toilé
Parution en novembre

Loulou
Grégoire Solotareff

Loulou fête ses 30 ans cette année ! Depuis sa naissance le 1er janvier 1989, cet album mythique a connu toutes les adaptations possibles et imaginables, en film, en BD, en jeu… alors il fait bon aussi le redécouvrir sous sa forme originelle, dans une belle édition bien solide, faite pour durer trente ans de plus. Loulou, c'est une histoire d'amitié et de peur surmontée. Amitié impossible, entre un loup et un lapin ? Non, amitié possible, puisque les deux héros sont des enfants !

9 782211 302173

6,50 €
120 x 160 mm • 40 pages
Relié • dos toilé
Parution en novembre

Sélection d'albums au format de poche pour les 0-3 ans
140 x 170 mm • prix unique 5,00 €

« Est-ce que l'on se demande pourquoi parler aux bébés, pourquoi les cajoler, leur apporter des bons soins, être attentif à leur environnement ? Non ! Pourquoi en sommes-nous encore à nous poser cette question de l'intérêt et de l'importance de la lecture pour les tout-petits ? » nous dit Patrick Ben Soussan, pédopsychiatre.
Les livres sont une nourriture et une ouverture sur le monde dès les premiers mois de l'enfance. La nouvelle collection *petit loulou* vous propose de redécouvrir au format de poche le meilleur des albums pour les 0-3 ans, une grande variété d'auteurs et de voix pour répondre à la curiosité insatiable des tout-petits. Dans un format adapté, au prix unique de 5 euros, voici des histoires qui raviront l'imagination de nos loulous, abordent leurs soucis et leurs découvertes quotidiennes avec joie et tendresse !

Le livre en colère !
Cédric Ramadier et Vincent Bourgeau

Voici le livre en colère, tellement en colère qu'il est tout rouge ! Mais la colère, heureusement, passe, et le livre se calme, se détend petit à petit.
Ouf ! Ça y est, le livre n'est plus fâché !

Parution en août

Ne mets pas tes doigts dans le nez !
Benoît Charlat

À chaque page, c'est vrai, c'est très tentant… mais ne mets pas tes doigts dans le nez de la chèvre, ni dans celui du cochon ! Encore moins dans le nez du Père Noël ! Et surtout pas, malheureux, dans le nez du loup !

Parution en août

Animôme
Raphaël Fejtö

De Groseille l'abeille à William l'hippopotame, en passant par Armand le grand serpent et Julien le petit poussin, dix-huit portraits de petits animaux, qui se présentent tous au lecteur avec un poème.

Parution en août

Croque-Bisous
Kimiko

Croque-Bisous tape à la fenêtre de Petite Souris et l'empêche de dormir : il veut un bisou ! Il est si mignon que Petite Souris ne peut s'empêcher de le laisser entrer. Mais Croque-Bisous aime trop les bisous, un seul ne lui suffit pas.

Parution en août

Dix petits bisous
Alex Sanders

Compter jusqu'à dix en faisant des bisous avant d'aller se coucher, quelle agréable façon de terminer sa journée !

Parution en août

J'y vais !
Matthieu Maudet

Enfin, petit oiseau se décide à quitter son nid ! Toutes sortes de recommandations lui sont faites par maman, papa, mamy… « Prends une petite laine, emporte des biscuits, n'oublie pas ta casquette… » En route vers l'aventure, petit oiseau !

Parution en août

LES LUTINS

Sélection d'albums au format de poche dès 3 ans

150 x 190 mm · prix unique 5,00 €

Poka & Mine : Au cinéma
Kitty Crowther

Poka a une idée pour distraire Mine qui s'ennuie : allons au cinéma ! Youpi yé yé ! Mine veut partager ce bonheur avec ses huit peluches. Poka cède, à une condition : c'est que tout le monde soit sage. Mais le cinéma, c'est l'aventure, ce qui n'est pas forcément synonyme de sagesse…

Parution en août

Bravo !
Ole Könnecke

Tout est beau et joyeux au cirque ! La fanfare, les chevaux, le lion, les clowns, les acrobates… On crie « Bravo ! » à chaque numéro. Mais soudain, c'est la panique, il y a le feu au cirque ! Vite, jetons tous de l'eau sur le foyer. Bravo et merci, les petits pompiers improvisés !

Parution en août

L'ascenseur de Petit Paresseux
Tomoko Ohmura

Quelle chaleur ! Comment se rafraîchir ? Petit Paresseux a une bonne idée : aller se baigner ! Mais il est très haut perché dans les branches, et la rivière est loin, loin, en bas… Tout au long de sa descente, pas à pas, il rencontre des amis qui l'aident et qui veulent venir aussi !

Parution en août

Je suis parti !
Alan Mets

Un petit chat noir en pyjama rouge rêve et raconte en clignant ses yeux espiègles. À la tombée de la nuit, il n'est pas resté dans son lit. Non ! Il a préféré prendre un bateau, traverser des embûches, et il s'est retrouvé en train de croquer la petite souris qui grignotait la lune…

Parution en septembre

Cambouis
Geoffroy de Pennart

Cambouis, c'est Cendrillon en garçon. Enfin, plutôt en chien. Garagiste, as de la mécanique, il a un rêve fou : chanter. Sa famille d'adoption lui met des bâtons dans les roues. Jusqu'au jour où Lady Wawa, la princesse des rockstars, remarque sa voix et ramasse sa chaussure…

Parution en septembre

Flix
Tomi Ungerer

M. et Mme Lagriffe, deux chats amoureux, attendaient un bébé et… surprise ! C'est un petit chiot qui leur est né. Flix, car c'est son nom, va employer toute sa vie de chien à se faire aimer, à réconcilier sa nature et sa culture, et le peuple des chiens avec celui des chats.

Parution en septembre

Un lion à la maison
Emmanuelle Eeckhout

Pour son anniversaire, son tonton d'Afrique a envoyé un lion à Laëla. Un vrai lion, qui aime le soleil, la savane et la viande crue ! Est-ce vraiment une bonne idée de cadeau ? Laëla ne va pas tarder à comprendre ce qui va rendre son lion heureux.

Parution en septembre

Le plus gros cadeau du monde
Dorothée de Monfreid

Demain c'est Noël ! Alex, Nono, Kaki, Pedro, Omar, Popov, Jane et Zaza, tous les toutous sont impatients. Chacun rêve de son cadeau idéal. Micha, lui, qui est le plus petit, veut le plus gros cadeau du monde. Et au matin, une incroyable surprise les attend…

Parution en octobre

Le Noël de Léopold
Jennifer Dalrymple

C'est bientôt Noël. Dans la forêt, les humains viennent couper des sapins pour les emporter dans leurs maisons. Léopold l'élan sauvage rêve de voir toutes leurs belles décorations scintillantes. Alors il suit deux enfants, mais, dès le lendemain de la fête, Léopold déchante…

Parution en octobre

Jo le très vilain petit canard
Catharina Valckx

Tout le monde trouve Jo trop mignon, le complimente et lui fait des gouzi-gouzi. Jo le canard, lui, en a marre de ces gentillesses. Alors il décide de devenir très méchant, pour voir. Mais il se montre tellement odieux que plus personne ne l'aime. Jo commence à regretter…

Parution en octobre

Le Bondivore Géant
Julia Donaldson
et Helen Oxenbury

Une grosse voix sort du terrier de Lapin : « C'est moi le Bondivore Géant, aussi horrible que méchant ! » Lapin appelle ses amis à la rescousse. Mais Minette, Ours, Éléphant, tous sont effrayés. Tous sauf Maman Grenouille. N'écoutant que son courage, elle bondit vers le terrier…

Parution en octobre

REVUE DE PRESSE

« En vingt tableaux aux couleurs joyeuses, les animaux d'Emmanuel Lecaye et Marc Majewski nous aident à nommer et réfléchir à notre quotidien… Partir de l'expérience pour aller vers l'imaginaire et ouvrir la parole. Cela peut commencer très tôt, le miracle des mots. »

blogs.lexpress.fr (Nathalie Riché) • mai 2019

« Avec son *Apprenti Sorcier,* Gerda Muller sublime le récit magique de Goethe. […] Les animaux et la nature y ont la part belle, et palpitent avec les humains à fleur de gouache et de crayon, secret de fabrique de Gerda Muller, tandis que des émotions contradictoires fusionnent pour célébrer la vie. » TTT

Télérama (Marine Landrot) • mai 2019

« Un album génial, bourré d'idées excellentes, tellement hilarantes, servi par des illustrations pétillantes et réjouissantes. »

souslefeuillage.blogspot.com • mars 2019

« On avait espéré une suite, voici notre rêve exaucé ! Un seul souci on en demande encore ! Un mélange d'humour, de loufoquerie et de tendresse, les aventures de ce binôme vraiment hors du commun ne peuvent que vous séduire ! »

bbbsmum.com • mai 2019

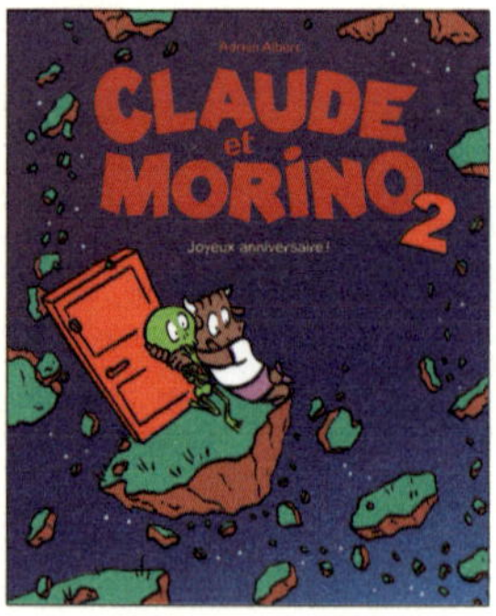

« Un projet fou, mais accompli : un livre complet, polyvalent, inclassable, à la fois BD, conte, roman d'aventures, cela dépend des pages. » TT

Télérama (Marine Landrot) • septembre 2018

« Un album inédit, conjuguant illustration et bande dessinée, narration et documentation, une œuvre somme, une œuvre phare. »

Le blog de Sophie Van der Linden • octobre 2018

« La beauté crémeuse de la peinture de John Hare saute aux yeux, et procure une telle sensation de sécurité qu'on s'y attarde de son propre chef, sans qu'il y ait besoin de panneau indicateur. »

Télérama (Marine Landrot) • février 2019

« Un album humaniste et nécessaire, qui traite d'un sujet important et qui permettra aux plus jeunes d'appréhender les notions de fraternité et d'entraide. Un formidable album sur la solidarité ! Coup de cœur ! »

La mare aux mots (Sarah) • février 2019

« Un album à la symbolique forte, soupoudré de poésie. »

La Libre Belgique (Laurence Bertels) • février 2019

« On adore cet album hilarant qui remet subtilement en cause le conformisme. »

Livres Hebdo (Fabienne Jacob) • janvier 2019

« Des illustrations dans lesquelles on a envie de plonger ! »
« De très jolies illustrations et un thème bien choisi. »

La Dispute - France Culture • juin 2019

« Un livre intemporel, infiniment séduisant, un texte plein d'irrévérence, de malice et de rebondissements, des illustrations à la beauté diaphane. »

Télérama (Marine Landrot) • novembre 2018

« À partir de notes retrouvées dans les archives du père de *Tom Sawyer*, Philip et Erin Stead ont tissé un hymne à la bienveillance. »

Le Monde des livres (Frédéric Potet) • novembre 2018

LES ROMANS

Moucheron

UNE NOUVELLE COLLECTION POUR LES APPRENTIS LECTEURS

Lire tout seul, ce n'est pas qu'une question de déchiffrage. Pour les apprentis lecteurs, c'est aussi et surtout se retrouver dans des histoires pleines de rêverie, d'ailleurs, de drôlerie, d'inattendu, de questionnement… afin de découvrir le plaisir de lire tout seul.

C'est pour eux qu'a été pensée cette nouvelle collection.

Seul(s) au monde ?
Clémentine du Pontavice

Chacun ses particularités, ses complexes, ses difficultés.
On a tous nos petites ou nos grandes différences, plus ou moins gênantes.
On devrait pourtant tous se parler, s'écouter et s'accepter, comprendre l'autre et s'entraider.
Si on essayait ?

9782211302258

6,00 €
125 x 190 mm • 48 pages
Parution en août

Kuma : une nouvelle amitié
Haruna Kishi et Cyril Castaing

Léo est triste, il n'a pas d'amis.
Alors qu'il est sur la colline,
il voit apparaître un étrange animal
entre les arbres.
Il s'appelle Kuma,
c'est une petite boule de poils blancs
avec un visage tout rond.

9782211301619

6,00 €
125 x 190 mm • 64 pages
Parution en août

Manu et Nono : le coup de foudre
Catharina Valckx

Manu et Nono sont deux copains, ils habitent dans une petite maison au bord d'un lac. Un jour, ils voient Chouchou, une jolie oiselle, et Nono en tombe éperdument amoureux… et tombe dans la boue !

Ce livre contient deux histoires :
Le coup de foudre
La jupe

9 782211 304535

6,00 €
125 × 190 mm • 40 pages
Parution en octobre

Tête de…
Johanna Lasry et Elisa Ungar

Et si les insultes que tu échangeais avec tes frères et sœurs pouvaient devenir réalité ? Si tu traitais ta sœur de tête de vieille mémé… et qu'elle se transformait vraiment en vieille mémé ? Ton frère, en tête de camembert, et qu'il devenait réellement un camembert ? Il y aurait de quoi s'amuser ! Pas si sûr…

9 782211 303682

6,00 €
125 × 190 mm • 40 pages
Parution en octobre

Mouche

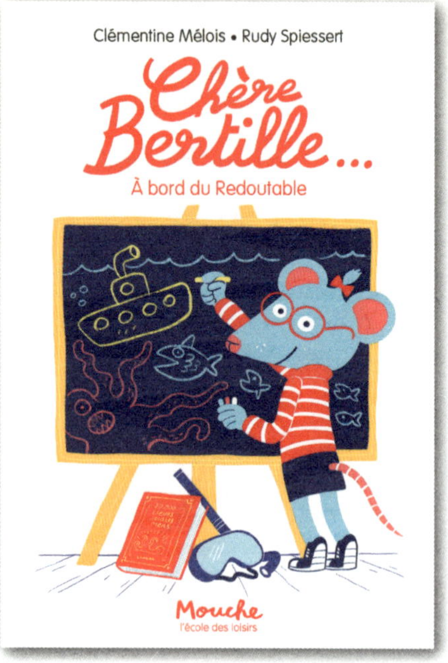

« Tu te rends compte! Franchement, si je lisais ça dans un livre je trouverais que l'écrivain invente n'importe quoi (ou alors qu'il est resté trop longtemps la tête en bas, des fois ça fait ça, le sang remonte, on est tout rouge et on a la tête qui tourne), sauf que là c'est arrivé POUR DE VRAI, donc c'est encore plus fou. »

Chère Bertille… à bord du Redoutable
Clémentine Mélois
illustré par Rudy Spiessert

Cet été, Bertille a décidé d'aller explorer le fond des océans. Elle a demandé à Jean-Marc Beubar de les accompagner. Il a joué un plongeur dans un film, c'est forcément un spécialiste de la mer. Et son copain Younès, qui est super bricoleur, construit le sous-marin.
Le cœur des abysses est plein de mystères et de créatures impressionnantes, comme le calamar géant, aussi grand qu'une maison. Mais bien vite apparaissent toutes sortes de difficultés, comme si quelqu'un essayait de saboter le projet…

Dans la même série :

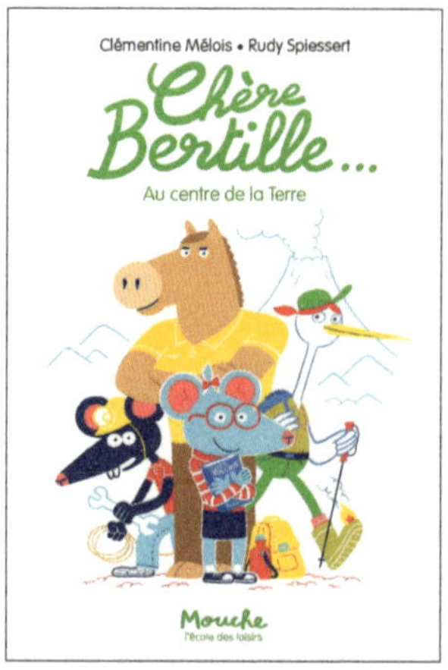

9 782211 304467
7,50 €
125 x 190 mm • 64 pages
Parution en août

« Mes parents ont des amis qui ont une fille qui s'appelle Garance.

Je la connais depuis qu'elle est née. Maman m'a dit que, quand Garance est arrivée, je me suis remise à sucer mon pouce.

Je me retrouve très souvent à jouer avec Garance. Parfois même on part en vacances ensemble, on va à Soulac dans une cabane ; juste à côté, il y a une grande maison, elle est posée sur un rocher, elle est en équilibre dessus. »

Garance, c'est comme ma petite sœur
Soledad Bravi

Je connais Garance depuis qu'elle est née. On joue souvent ensemble, surtout en vacances. Avec elle, je joue à des jeux auxquels je ne joue plus depuis longtemps. Je la connais par cœur : elle adore marcher pieds nus dans les flaques, même l'hiver, et elle aime se déguiser en poisson-lune.
Elle a le droit de manger avec les doigts, moi pas, parce que j'ai 8 ans, je suis grande. Elle fait des caprices quand elle ne veut pas marcher ou pas dormir. C'est fatigant, les petits. Mais quand je me retrouve toute seule, elle me manque. C'est comme une petite sœur !

9 782211 303767

7,50 €
125 × 190 mm · 56 pages
Parution en août

Akita et les grizzlys
Caroline Solé
illustré par Gaya Wisniewski

Dans la forêt polaire, il n'y a que de la neige, du silence. Et il y a Akita. C'est son anniversaire aujourd'hui, et tout est prêt pour ses sept ans : la robe aux perles de glace, les crêpes au sirop de bouleau… Mais des grizzlys pourraient bien troubler la fête.
Chez Akita, ils surgissent sans prévenir. Pour tenter de les apprivoiser, la fillette rend visite à la vieille dame aux mystérieux pouvoirs qui vit au fond des bois. La glooglooka l'attend près du feu…

8,00 €
125 x 190 mm • 88 pages
Parution en septembre

« La petite fille progresse prudemment lorsqu'un grognement résonne au loin. Elle suspend sa marche, n'osant plus poser le pied par terre de peur d'être repérée. Ses jambes se ramollissent comme de la neige fondue. Le grondement se rapproche. Akita retient son souffle. Deux yeux verts translucides surgissent alors dans la brume. Une bête sauvage la guette. Une bête sauvage pourrait la dévorer !

En aiguisant son regard, elle discerne un pelage touffu. Le poil blanc se fond presque dans la neige, seuls des yeux perçants trahissent la présence de l'animal. Le grizzly ! »

Je m'appelle Maryam
Maryam Madjidi
illustré par Claude K. Dubois

Avec ses parents, Maryam doit quitter le pays où elle est née.
Elle va devoir dire au revoir à ses poupées.
Apprendre à jongler avec la langue d'ici et la langue de là-bas.
Manger des plats qu'elle n'a jamais goûtés.
Découvrir un monde où elle sera une inconnue.
Un monde où il faut tout recommencer.
Jusqu'à ce que quelqu'un lui demande :
« Comment tu t'appelles ? »

« Un matin, Maryam prend l'avion et elle arrive dans un nouveau pays.

Elle arrive Ici.

Ici : c'est le pays où elle vit, c'est le pays où nous sommes.

Là-bas : c'est le pays où elle est née, c'est le pays qu'elle a quitté. »

9 782211 303668
6,50 €
125 x 190 mm • 48 pages
Parution en septembre

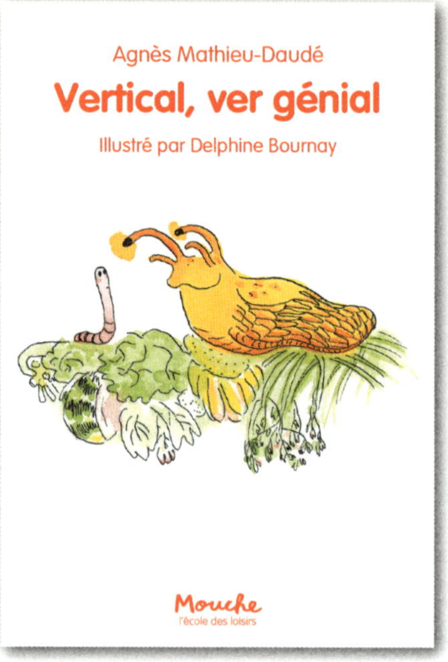

Vertical, ver génial
Agnès Mathieu-Daudé
illustré par Delphine Bournay

Vertical est un petit ver de terre. Normalement, un vermisseau tombe amoureux d'une vermicelle. Mais Vertical, lui, est amoureux d'une limace. Pour se rapprocher d'elle, il doit s'aventurer dans un autre coin du jardin. Sa mère, qui a toujours peur pour lui, ne voudra jamais. Et son père pense que les vers ne doivent pas fréquenter les limaces. Mais quand on est amoureux, on est capable de choses étonnantes, même quand on a tendance à s'enrouler sur soi-même à la moindre émotion…

« Je n'ai pas bien dormi. Je crois que je peux le dire, j'étais tombé amoureux. Amoureux d'une limace qui a déjà plein d'amoureux, bêtes et énormes, et qui ne risquent pas de s'enrouler, eux. Vu qu'ils sont des limaçons et pas un petit vermisseau timide. Avec une mère qui lui interdit de se promener en dehors de trois plates-bandes. Et un père qui lui interdit de parler à qui que ce soit en dehors de l'univers des vers. C'était bien parti, mon histoire… »

9 782211 239790

7,50 €
125 x 190 mm • 56 pages
Parution en septembre

Chien Pourri au cirque
Colas Gutman
illustré par Marc Boutavant

Tadaaam ! Chien Pourri et Chaplapla vont au cirque. Mais pas n'importe lequel : au cirque Patalo, les acrobates sont plâtrés, les jongleurs maladroits, les éléphants bidons et les clowns pas drôles. Mais la concurrence fait rage, et le cirque Carbonara est bien décidé à leur voler la vedette. Patalo ou Carbonara, Chien Pourri et Chaplapla vont devoir choisir.

Dans la même série :

9 782211 304528

8,00 €
125 x 190 mm • 88 pages
Parution en septembre

Mais je suis un ours !
Frank Tashlin

Un jour, un ours se tenait à la lisière d'une grande forêt. Des oies sauvages volaient vers le sud, les feuilles des arbres commençaient à tomber : l'hiver approchait. L'ours trouva une caverne et s'y endormit.
Mais des hommes construisirent une énorme usine juste au-dessus de sa caverne. Quand il se réveilla au printemps, l'ours ne reconnut rien. Plus de forêt, plus d'herbe ni de fleurs ! Dans une usine, il n'y a que des gens qui travaillent. Il a beau protester, personne n'accepte de croire que c'est bien un ours…

9 782211 301183

7,00 €
125 x 190 mm • 64 pages
Traduit de l'anglais (États-Unis)
par Adolphe Chagot
Parution en octobre

L'école des souris : première neige
Agnès Mathieu-Daudé
illustré par Marc Boutavant

Imaginez un grenier, et dans ce grenier, un canoë. Ajoutez un hibou, une belette et 13 souriceaux. Le directeur, la maîtresse et les élèves : l'école des souris est au complet. Presque : il manque Ricky, le surveillant. Même si, aujourd'hui, il est un peu endormi. Il faut dire que c'est la fin de l'automne et que les hérissons, normalement, hibernent.
Et voilà qu'une poudre blanche se met à tomber du ciel. Du fromage râpé ? Non, de la neige (tu l'avais deviné). Toute la troupe part dans le bois. La neige, c'est très amusant, mais aussi très dangereux…

Dans la même série :

9 782211 305372

7,50 €
125 × 190 mm • 72 pages
Parution en novembre

Chien Pourri fait du ski (grand format)
Colas Gutman
illustré par Marc Boutavant

« Recherche chien de traîneau pour traîner les poubelles station Chameaunix vieux chat laid accepté. »

C'est en répondant à cette annonce que Chien Pourri et Chaplapla gagnent leur billet pour les sports d'hiver et une chambre à l'hôtel du vieux chat laid. Mais qui vient les chercher à la gare ? Le minable homme des neiges !

9 782211 304641

12,00 €
180 × 250 mm • 80 pages
Parution en novembre

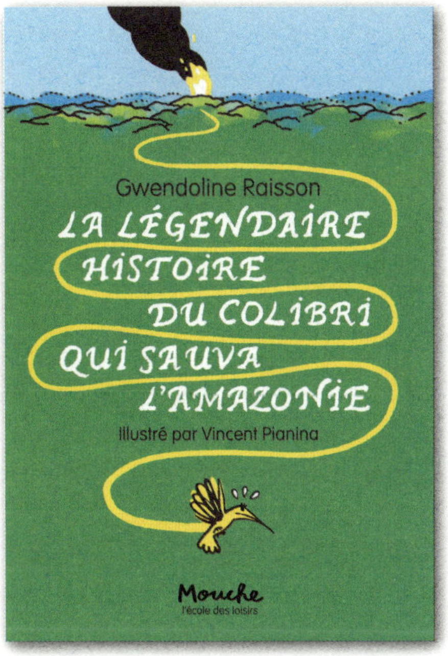

La légendaire histoire du colibri qui sauva l'Amazonie
Gwendoline Raisson
illustré par Vincent Pianina

L'Amazonie ! Une forêt grande comme un pays, verte comme le paradis. Et des plantes, des animaux comme nulle part ailleurs : le tatou et sa carapace, le perroquet et ses plumes multicolores, le long serpent et l'agile singe tamarin, le lent paresseux et le minuscule colibri…
Un jour, une étrange fumée apparaît au loin. Le colibri s'inquiète : et si c'était un feu ? Mais il est si petit, personne ne l'écoute. Le lendemain, pourtant, la fumée est toujours là et commence à piquer les yeux.

« Qu'ils soient petits ou grands, beaux ou moches, rapides ou lents, pas très malins ou fort intelligents, chacun fait a sa façon. Certains se mettent à creuser, d'autres à sauter, à voler, ramper, gratter… Chacun fait sa part ! »

9 782211 304764

7,50 €
125 x 190 mm • 56 pages
Parution en novembre

9 782211 239578

48 pages • 125 x 190 mm • 6,50 €

9 782211 236768

72 pages • 125 x 190 mm • 8,00 €

9 782211 239585

48 pages • 125 x 190 mm • 6,50 €

9 782211 236607

48 pages • 125 x 190 mm • 6,50 €

9 782211 301084

40 pages • 125 x 190 mm • 6,50 €

9 782211 239882

56 pages • 140 x 190 mm • 7,50 €

9 782211 237963

40 pages • 125 x 190 mm • 6,50 €

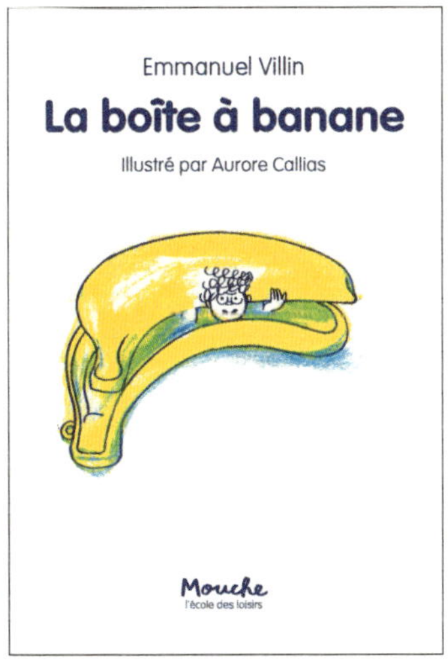

9782211239813

56 pages • 125 x 190 mm • 7,50 €

9782211301787

72 pages • 125 x 190 mm • 7,50 €

9782211301169

64 pages • 125 x 190 mm • 7,00 €

9782211301190

72 pages • 125 x 190 mm • 7,50 €

9782211239912

72 pages • 125 x 190 mm • 7,50 €

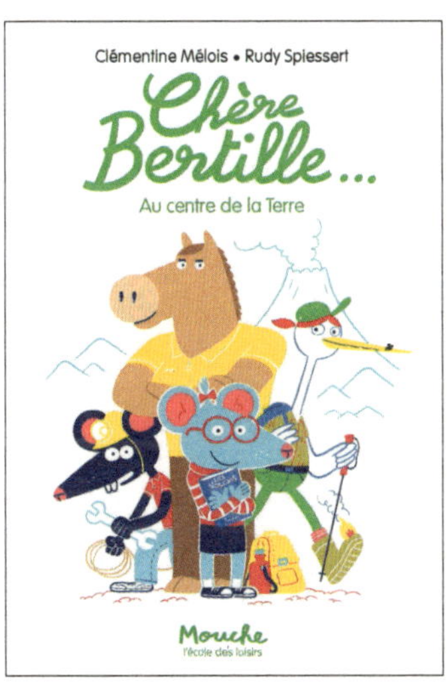

9782211300629

64 pages • 140 x 190 mm • 7,50 €

9782211301756

72 pages • 125 x 190 mm • 7,50 €

NEUF

Neuf poche

Mon cher ami
Luc Blanvillain

Thomas a eu le malheur de parler à ses parents de l'arrivée d'un nouvel élève dans la classe de CM2. Il s'appelle Patrick et, même si Thomas ne sait pas trop ce que ça veut dire, il a tout du loser. En plus, il habite cité Jacques-Prévert, un quartier sinistre où Thomas n'a pas le droit de mettre les pieds.
Après l'avoir écouté, ses parents ont eu une drôle de réaction. Ils se sont regardés avec gravité, ils ont dit quelque chose à propos de la solidarité et ils ont forcé leur fils à inviter Patrick à la maison ! Thomas est catastrophé, évidemment, mais aussi vaguement intrigué. Et si le nouvel élève était moins naze qu'il n'en a l'air ?

Luc Blanvillain est professeur de lettres à Lannion, en Bretagne. Dans ses livres jeunesse, il se régale à mettre en scène élèves, parents et enseignants, ce trio infernal qu'il fréquente assidûment.

9 782211 304368

12,50 €
135 × 205 mm • 216 pages
Illustrations (noir et blanc) d'Arnaud Boutin
Parution en août

Les loups du clair de lune
Xavier-Laurent Petit

Vous rêvez de passer des vacances au bout du monde ? Hannah le fait. Le Bout du Monde, c'est là qu'est partie habiter sa grand-mère. Un endroit perdu dans l'est de l'Australie. Ici, on peut se consacrer aux deux choses les plus importantes : vivre en pleine nature et lire, sans être dérangé par personne. On peut aussi garder ses secrets. Et elle en a, des secrets, sa grand-mère. Des secrets qui remontent à des temps très anciens. Des secrets qui ont la forme d'empreintes et de touffes de poils. Des secrets de la plus haute importance. Des secrets qui font battre le cœur, et même un peu trop vite.

Les romans de Xavier-Laurent Petit prennent racine dans l'actualité et donnent toujours une place très importante à la nature. Cette idée d'écrire une série de romans ayant pour thème la relation entre les humains et les animaux lui trotte dans la tête depuis longtemps.

Dans la même série :

9 782211 302548

12,00 €
135 × 205 mm • 184 pages
Illustrations (couleurs) d'Amandine Delaunay
Parution en septembre

Ne change jamais !
Marie Desplechin

Vous entendez les informations qui arrivent de partout pour dire que la planète va mal. Vous êtes des enfants, vous possédez une grande quantité de neurones pour apprendre, comprendre et retenir. Vous êtes créatifs et courageux. Et vous ne pourrez pas faire comme certains de vos aînés : regarder ailleurs, vous boucher les oreilles et hausser les épaules. Vous n'aurez pas le choix.
Il faut que vous conserviez quelques-unes de ces qualités, au lieu de les laisser s'éteindre en grandissant. Vous deviendrez de meilleurs adultes, pour vous, pour les autres et pour la planète.

Marie Desplechin a fait des études de lettres et de journalisme. Le projet *Ne change jamais !* est né du sentiment de l'urgence écologique. Ce livre fait la liste des vertus enfantines en présentant leur utilité pour le futur.

9 782211 304627

12,00 €
135 x 205 mm • 176 pages
Illustrations (couleurs) d'Aude Picault
Parution en octobre

Béatrice l'intrépide comme dans les contes
Matthieu Sylvander

Cela devait arriver ! À force de galoper droit devant elle, sans trêve ni repos, Béatrice l'intrépide a fini par arriver au pays des contes. Elle qui fuit la routine et n'apprécie que la nouveauté est comblée : c'est un vrai défilé ! Elle croise une princesse cachée sous une peau de cheval, sept nains accros au ménage, un miroir trop bavard, un Petit Poucet insupportable… Cela fait beaucoup d'aventures à gérer pour une héroïne solitaire. Heureusement, Béatrice peut toujours compter sur une alliée aussi fidèle qu'indispensable… sa jument Véronique !

Après une remarque de ses lectrices sur le peu de place accordée aux personnages féminins dans ses livres, Matthieu Sylvander s'est mis au défi d'imaginer une aventure dont l'héroïne affronterait les brigands, découperait les dragons en tranches et délivrerait les princesses.

Dans la même série :

9 782211 301404
7,80 €
125 × 190 mm · 128 pages
Illustrations (couleurs) de Perceval Barrier
Parution en octobre

Pas perdus !
Bruno Gibert

On croise souvent, placardés aux murs de la ville, ces émouvants petits avis de recherche : un chat ou un chien a disparu, ses maîtres voudraient le retrouver.
On aimerait parfois savoir l'histoire qui se cache derrière ces petites affiches, ces petits mots. Qu'est-il arrivé à ce jeune chien qui aime beaucoup les caresses ? Ce chat au poil touffu s'est-il perdu ou a-t-il été volé ? Si nos compagnons à quatre pattes pouvaient nous raconter…

Bruno Gibert a suivi les cours de l'école des arts appliqués Duperré. Il est l'auteur et l'illustrateur de nombreux ouvrages pour la jeunesse dont *Le Petit Gibert illustré* (Albin Michel jeunesse), qui a reçu le prix Coup de cœur du Salon de Montreuil en 2010. Il est également l'auteur de plusieurs romans pour adultes.

9 782211 304481
12,00 €
135 × 205 mm · 176 pages
Photographies (couleurs) de l'auteur
Parution en novembre

La vie secrète de la forêt
Grégoire Solotareff

Dans le creux des arbres, sous les tapis de feuilles, au fond des galeries et des terriers, il y a la vie secrète de la forêt. Les écureuils, les souris, les castors se chamaillent, organisent des fêtes d'anniversaire, échappent à leur prédateur, tombent amoureux ou réfléchissent à leur vie.
Des lutins hésitent à partir en voyage ou ont peur de téléphoner à quelqu'un qui leur plaît. Et des sorcières viennent mettre un peu de bazar.
Depuis le 1er janvier jusqu'au 31 décembre, sous la neige, au soleil d'été, il y a des bonnes résolutions oubliées, des sentiments pleins de contradictions et des histoires que personne n'avait jamais racontées.

Grégoire Solotareff est né en 1953 à Alexandrie, en Égypte. Il a publié plus de 150 livres pour la jeunesse, principalement à *l'école des loisirs*, où il dirige la collection pour les tout-petits «Loulou & Compagnie».

9 782211 304511

15,50 €
148 x 218 mm • 336 pages
Illustrations (couleurs) de l'auteur
Parution en novembre

Les enquêtes de Théo Toutou
Yvan Pommaux

Dandy, un peu cabot, amateur de bon mots, fair-play dans l'âme… Théo Toutou est écrivain le jour et détective la nuit. Grâce à son sens poussé de l'observation, il vient régulièrement en aide à l'inspecteur Duraton, son vieil ami. Théo Toutou est aussi secrètement amoureux de l'intrépide et charmante libraire Natacha, qui n'hésite pas à l'accompagner dans ses filatures.
Les voilà embarqués dans des aventures palpitantes à la poursuite des ravisseurs d'une jeune et insupportable belette, d'un monstre terrifiant caché au fond d'un lac, d'un voleur de statuettes d'art primitif…

Né en 1946, Yvan Pommaux est un auteur de littérature jeunesse et de bande dessinée français. Avec des héros tels que John Chatterton et Théo Toutou, il plonge des animaux dans de passionnantes intrigues policières.

9 782211 304498

12,50 €
152 x 215 mm • 216 pages
Illustrations (couleurs) de l'auteur
Parution en novembre

160 pages • 148 x 218 mm • 13,50 €

104 pages • 135 x 205 mm • 10,00 €

144 pages • 135 x 205 mm • 12,00 €

208 pages • 135 x 205 mm • 12,50 €

80 pages • 135 x 205 mm • 9,50 €

80 pages • 135 x 205 mm • 9,50 €

120 pages • 135 x 205 mm • 11,50 €

240 pages • 148 x 218 mm • 14,50 €

104 pages • 135 x 185 mm • 8,50 €

72 pages • 148 x 218 mm • 12,00 €

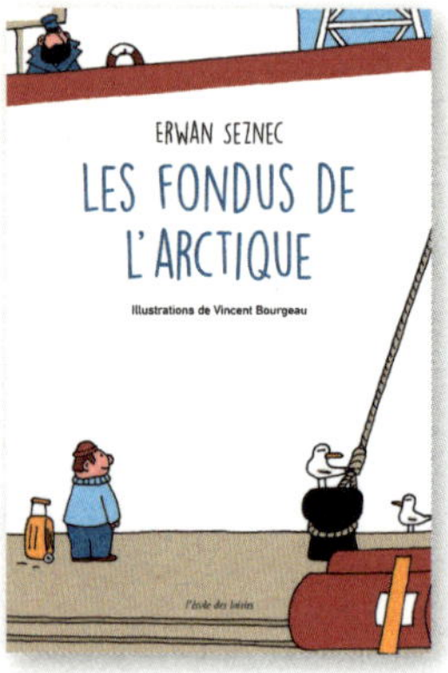

Les fondus de l'Arctique
Erwan Seznec

Antoine Delamoute et trois autres collégiens ont remporté le premier prix du concours organisé par une célèbre marque de poissons panés et s'apprêtent à passer un mois dans l'Arctique sur un navire scientifique. Les gagnants arriveront-ils à bon port ?

9 782211 304771

6,80 €
192 pages
Illustrations de Vincent Bourgeau
Parution en septembre

Danse avec les choux
Anaïs Sautier

La danse, au début, pour Suzanne, c'était un jeu. Elle l'a apprise grâce à un livre, a suivi des cours, et elle y a pris goût. Tant et si bien qu'aujourd'hui c'est un nouveau monde qui s'offre à elle. Oui ! Car elle a présenté sa candidature à l'école des petits rats de l'Opéra. Le début de la gloire ? Oh, pas si vite…

9 782211 304832

6,80 €
192 pages
Illustration de couverture de Gabriel Gay
Parution en octobre

Poche collector !

Béatrice l'intrépide et le délicieux François les Bas Bleus
Matthieu Sylvander

Si Béatrice l'intrépide a choisi la profession d'Héroïne Solitaire, ce n'est pas pour s'encombrer de deux casse-pieds. Depuis qu'elle a croisé le joueur de fifre François les Bas Bleus et ce diable de Jean-Claude, ces boulets ne la quittent plus d'une semelle.

7,80 €
128 pages
Illustrations de Perceval Barrier
Parution en octobre

Les Willoughby
Lois Lowry

Imaginez que le livre que vous tenez entre les mains soit l'un de ces vieux romans avec une reliure en cuir marron tout usé. Il raconterait le genre d'histoires qu'on lisait autrefois, pleines de larmes et de bons sentiments. On y croiserait un millionnaire solitaire, des orphelins forcément valeureux, un bébé abandonné sur les marches d'un perron ou encore une nourrice au cœur sec… Tous ces personnages sont dans ce roman. Mais vous découvrirez vite que les enfants Willoughby ne sont pas vraiment orphelins. Vous apprendrez que le millionnaire solitaire est aussi un confiseur au grand cœur et la nounou une spécialiste des cookies et de la sculpture antique, ce qui les rend bien plus sympathiques. Il vous reste maintenant à deviner si, comme toutes les histoires d'autrefois, celle-ci se terminera bien…

9,80 €
208 pages
Illustrations de l'auteure
Traduit de l'anglais (États-Unis) par Francis Kerline
Parution en novembre

9 782211 236096

144 pages • 125 x 190 mm
5,80 €

9 782211 300438

180 pages • 125 x 190 mm
6,80 €

9 782211 300452

80 pages • 125 x 190 mm
7,80 €

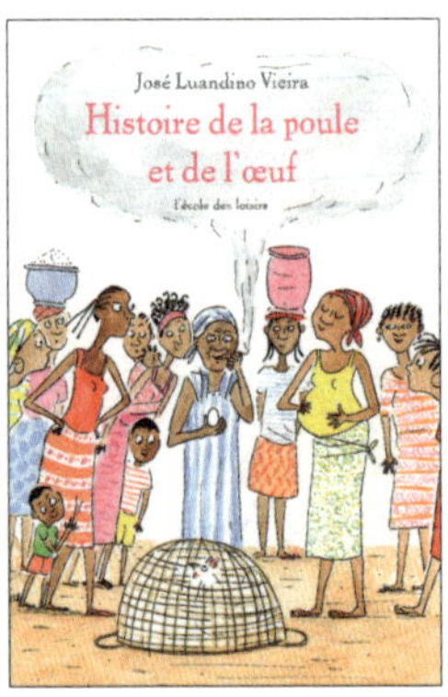

9 782211 300124

96 pages • 125 x 190 mm
5,80 €

9 782211 300100

96 pages • 125 x 190 mm
5,80 €

9 782211 303583

96 pages • 125 x 190 mm
5,80 €

96 pages • 125 x 190 mm
5,80 €

128 pages • 125 x 190 mm
5,80 €

80 pages • 125 x 190 mm
6,80 €

96 pages • 125 x 190 mm
7,80 €

96 pages • 125 x 190 mm
7,80 €

80 pages • 125 x 190 mm
5,80 €

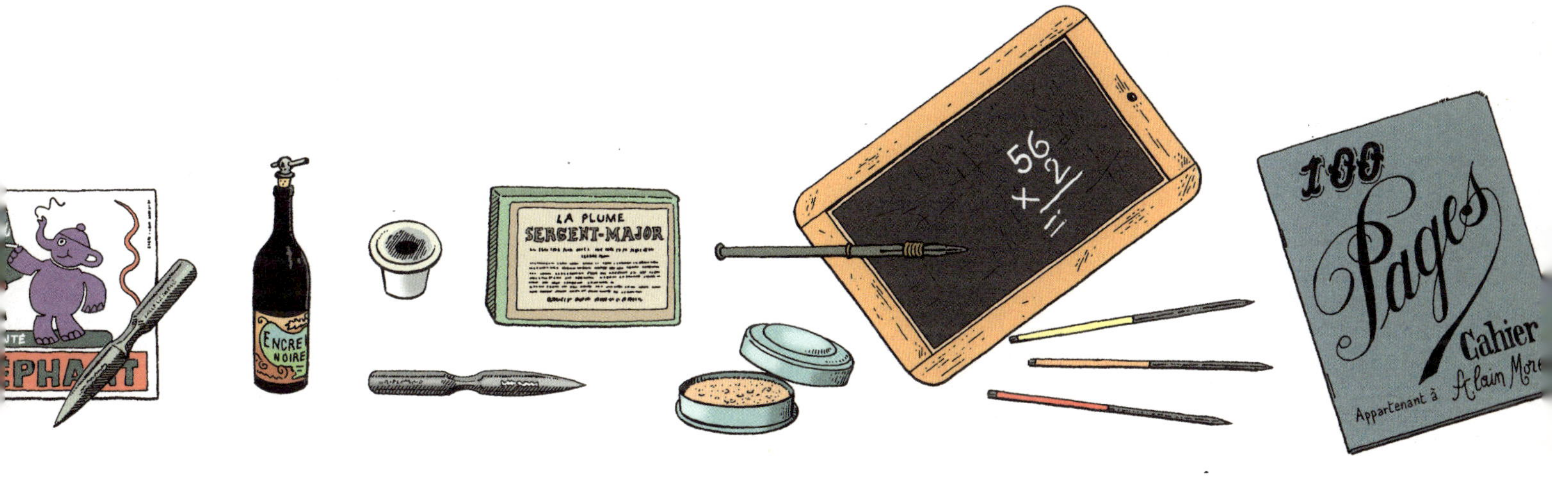

MÉDIUM

Médium poche

En émois
Anne Cortey

Dans les collines de Provence, au cœur de l'été. Pour Jeanne, ce ne sont sûrement pas des vacances. Elle doit donner à boire aux bêtes, aider ses parents au magasin pour la saison touristique, garder son frère… Sa respiration à elle, c'est d'aller se baigner au lac avec ses amis.
Mais au bord du lac, il y a un garçon. Lui, il voudrait avoir une chance de croire en ses rêves de volley. Et il bouillonne. Il est prêt à exploser.
Il veut partir, loin du collège, où il a trop subi la loi des harceleurs, et loin de sa famille, qui n'entend ni ses souffrances ni ses désirs.
Et s'ils se croisent, ce ne sera pas sans friction…

Anne Cortey a suivi des études d'histoire de l'art. Elle a travaillé en librairie jeunesse puis en free-lance dans l'édition jeunesse. *En émois* est son premier roman pour adolescents publié à *l'école des loisirs*.

13,50 €
148 x 218 mm • 160 pages
Illustrations de Cyril Pedrosa
Parution en août

Les collégiens
Colas Gutman

«Je n'ai pas choisi d'entrer en sixième K, je n'ai pas choisi non plus de faire cinquante-trois fautes d'orthographe par dictée.
À côté de moi, un type écrit sur la table "Le collège : c'est plus facile d'y rentrer que dent sortir." Je ne suis pas sûr que "collège" prenne deux *l*, je décide d'appeler l'individu "Dent" et de m'en faire un copain.
(…)
11 h 30 Cantine (eh oui, déjà, même si t'as pas faim, tu manges)
14 h 00 Contrôle d'anglais : je rate.
15 h 00 Interro de maths : je foire.
16 h 00 Exposé de français : je dors.
17 h 00 Grille du collège : je sors.»

Colas Gutman a commencé à raconter des histoires en CM2. En 2013, il invente un personnage et une série aussi hilarante qu'attachante : *Chien Pourri*, dont il confie le trait à Marc Boutavant, c'est le début d'une grande aventure.

12,50 €
148 x 218 mm • 176 pages
Couverture : Éric Garault (photographie) et Macon & Lesquoy (badges).
Parution en août

Tu crois tout savoir, Jilly P.!
Alex Gino

À 12 ans, Jilly a lu plein de livres de fantasy, et elle sait déjà tout de la vie. Du moins, c'est ce qu'elle croit, jusqu'à l'arrivée d'Emma, sa petite sœur.
Car c'est un nouveau monde qu'elle découvre. Emma est sourde de naissance. Et les gens la considèrent différemment, de même qu'ils considèrent différemment leurs cousins, du simple fait qu'ils ont la peau noire. Comment venir en aide à Emma ?
Sur un forum de lecteurs, elle fait la connaissance de Derek, qui est sourd et noir, et elle se persuade qu'il saura la guider sur ce chemin. Mais même les meilleures intentions peuvent blesser parfois.
Jilly n'a pas fini d'apprendre…

Alex Gino est un écrivain américain de livres pour enfants. Militant pour les droits des homosexuels et des transgenres, il a mis une dizaine d'années à écrire *George*, lauréat du Stonewall Book Award 2016 ainsi que du Lambda Literary Award 2016 dans la catégorie des jeunes adultes LGBT. *Tu crois tout savoir, Jilly P.!* est son deuxième roman à *l'école des loisirs*.

9 782211 239851

16,00 €
148 x 218 mm • 240 pages
Traduit de l'anglais (États-Unis) par Valérie Dayre
Illustration de couverture de Maeve Norton
Parution en septembre

Wander
Rosanne Parry

Swift est un loup des montagnes. C'est là qu'il a grandi et appris à chasser, jusqu'à ce que sa meute soit décimée dans un combat.
À présent, il doit choisir : se soumettre à la loi des plus forts, ou partir explorer le monde pour trouver son territoire.
Mais les dangers sont partout pour un loup solitaire : les autres animaux, les hommes, la faim…
Aura-t-il la force de tous les affronter ?

Rosanne Parry est l'auteure de nombreux romans pour la jeunesse. *Wander* est le premier à paraître en France. Elle vit avec sa famille à Portland, Oregon, aux États-Unis. Elle écrit dans une cabane en haut d'un arbre.

9 782211 300773

14,00 €
148 x 218 mm • 144 pages
Traduit de l'anglais (États-Unis) par Amandine Chambaron-Maillard
Illustration de couverture de Mónica Armiño
Parution en octobre

3

DANS LA FORÊT

Il avait dit adieu à Fabrisse et repris la route. Un crapaud traversait le chemin, ses œufs entortillés autour des pattes. Le chien n'y prêta pas attention. Trempé, le nez en l'air, il ne voyait que Fulmir.

Ils entrèrent dans la forêt au moment où les églises sonnaient les vêpres. Le chien n'était pas rassuré. La pénombre, le silence soudain, la présence écrasante des arbres géants, tout cela augmentait sa nervosité. Il avançait tassé sur lui-même, la tête basse.

21

marchepied, de saisir l'insulteur par le col et de le jeter au sol. Un nouveau bond le propulsa dans l'herbe au moment où l'autre se relevait. Il l'assomma d'un coup de poing bien placé.

– Montez !

– Et la Flûte ? demanda Gauzia.

– Elle est libre, à présent.

Joignant le geste à la parole, il lui ôta bride et collier, lui claqua la croupe en lui souhaitant belle vie. Il agissait avec une telle autorité que ni Gauzia ni Esclarmonde ne protestèrent.

Faire faire demi-tour au gros cheval et au véhicule se révéla difficile. Ils perdirent un temps précieux dans l'opération, menée par Fulmir et les jumeaux. Ils repartirent enfin, sous un soleil de plomb, la sueur brouillant leur vue.

Le chemin les ramenait vers l'ouest tout en sinuant. Il les déposa sur la voie plus large qu'ils avaient quittée pour éviter le village. Fulmir joua du fouet afin de stimuler le hongre, qui semblait ignorer le galop et toute notion de fierté.

119

21

LA MÉFIANCE D'HOULGOUMON

Pendant tout le voyage, Gil de Foix s'était montré plein de sollicitude envers le malade, le faisant manger et boire, l'aidant à se lever pour satisfaire ses besoins naturels. Houlgoumon remerciait le chevalier plusieurs fois par jour avec, dans la voix, le même accent d'incrédulité.

– Dieu vous le rendra, messire. Il vous regarde et il sourit.

Tandis que le nain restait allongé dans la charrette, installé sur une peau de mouton, Gil

129

Le voyage de Fulmir
Thomas Lavachery

Le nain Fulmir sent que sa fin est proche. En quelque cent soixante ans d'existence, il a eu plusieurs vies et exercé bien des métiers. Il est temps pour lui d'entreprendre son dernier voyage, celui qui le mènera au cimetière caché du peuple des nains. Il sait que selon la tradition il doit cheminer seul et l'âme légère, mais c'est plus fort que lui, Fulmir ne peut s'empêcher de voler au secours des faibles et des opprimés. Le voilà flanqué d'un chien errant et de deux orphelins dont il a sauvé la vie, et bientôt poursuivi par une horde de soldats et un chevalier borgne lorsque sa tête est mise à prix. À croire que tout se ligue pour l'empêcher de mourir tranquille !

Thomas Lavachery pensait à ce projet depuis des années. Un jour, il s'est dit : « Chaque fois que tu penses à cette histoire, à son curieux héros, ton imagination s'emballe. Sur l'échelle de tes envies, *Le voyage de Fulmir* est diablement haut. Fonce, sapristi ! »

12,50 €
135 x 205 mm • 208 pages
Illustrations de l'auteur
Parution en octobre

Le fils
Lois Lowry

Les pêcheurs l'ont surnommée Claire de l'eau. Quand ils l'ont arrachée aux flots, la jeune naufragée ne se souvenait de rien. Personne ne sait qu'elle a grandi dans une société où les émotions sont interdites, qu'elle a été inséminée à l'âge de 14 ans, qu'on lui a arraché son fils. Elle fera tout pour le retrouver, jusqu'à accepter un terrible sacrifice…

9 782211 302142
8,80 €
528 pages
Illustration de couverture : Getty Images/Sereg
Traduit de l'anglais (États-Unis) par Frédérique Pressmann
Parution en septembre

La fille qui voulait décrocher la lune
Karen Cushman

On l'appelle la Morveuse. Ou Cafard de fumier. Cette fille, personne ne lui connaît de nom. Elle erre toute seule sur les chemins. Un matin pourtant, une femme vient lui parler. C'est la sage-femme du village. Il ne faut pas rêver, elle aussi la traite de cafard. Mais elle est prête à lui donner un quignon de pain, si elle devient son apprentie…

9 782211 304801
5,80 €
144 pages
Illustration de couverture de Thomas Gilbert
Traduit de l'anglais (États-Unis) par Raphaël Fejtö
Parution en septembre

Poche collector !

Le passeur
Lois Lowry

Dans le monde où vit Jonas, la guerre, la pauvreté, le chômage, le divorce n'existent pas. Les inégalités n'existent pas. La désobéissance et la révolte n'existent pas. L'harmonie règne dans les cellules familiales constituées avec soin par le Comité des sages.
Les personnes trop âgées ainsi que les nouveau-nés inaptes sont « élargis », personne ne sait exactement ce que cela veut dire. Dans la communauté, une seule personne détient véritablement le savoir : c'est le dépositaire de la mémoire. Lui seul sait comment était le monde, des générations plus tôt, quand il y avait encore des animaux, quand l'œil humain pouvait encore voir les couleurs, quand les gens tombaient amoureux. Dans quelques jours, Jonas aura 12 ans.
Au cours d'une grande cérémonie, il se verra attribuer, comme tous les enfants de son âge, sa future fonction dans la communauté. Jonas ignore qu'il est unique.
Un destin extraordinaire l'attend. Un destin qui peut le détruire.

9 782211 305556
9,80 €
288 pages
Illustration de couverture de Sigfried de Turkheim
Traduit de l'anglais (États-Unis) par Frédérique Pressmann
Parution en novembre

9 782211 239363

192 pages • 148 x 218 mm • 14,50 €

9 782211 234481

352 pages • 148 x 218 mm • 16,50 €

9 782211 239981

352 pages • 148 x 218 mm • 17,00 €

9 782211 236300

528 pages • 148 x 218 mm • 18,00 €

9 782211 238854

128 pages • 135 x 205 mm • 12,50 €

9 782211 230421

192 pages • 125 x 190 mm
6,80 €

9 782211 223263

160 pages • 125 x 190 mm
6,80 €

9 782211 237918

160 pages • 125 x 190 mm
6,80 €

9 782211 300001

272 pages • 125 x 190 mm
6,80 €

9 782211 238908

240 pages • 125 x 190 mm
6,80 €

9 782211 302050

224 pages • 125 x 190 mm
6,80 €

9 782211 301220

272 pages • 140 x 205 mm
6,80 €

9 782211 239967

352 pages • 125 x 190 mm
7,80 €

9 782211 305808

252 pages • 125 x 190 mm
7,80 €

MÉDIUM+

Médium+ poche

Boo
Neil Smith

7 septembre 1979. C'est la première semaine de cours au collège Helen-Keller. Oliver « Boo » Dalrymple – élève de quatrième à la pâleur spectrale et au cœur malade, scientifique en herbe et paria social – récite les cent six éléments du tableau périodique devant son casier. Dans la seconde qui suit, il se réveille au «Village», un au-delà exclusivement réservé aux trépassés de 13 ans. Au plus grand étonnement de Boo, les « qualités » qui faisaient de lui un paria sur terre lui valent ici des amis. Il se surprend à éprouver une joie qu'il n'avait jamais connue jusqu'alors. Mais même au paradis, la vie peut être un enfer. Et tandis que le jeune garçon coule des jours heureux, il découvre que sa mort ne résulte pas, comme il le croyait, d'une défaillance de son cœur malade. Boo a été assassiné. Et le coupable pourrait bien l'avoir suivi jusque dans l'au-delà...

Né à Montréal en 1964, Neil Smith est auteur et traducteur. Son recueil *Big Bang* a remporté le prix McAuslan, remis par la Fédération québécoise des écrivains anglophones. *Boo*, son premier roman, est en cours de publication dans une dizaine de pays et a gagné le prix Paragraphe Hugh MacLennan.

9 782211 301497
18,00 €
148 x 218 mm • 400 pages
Illustration de couverture d'Isabel Urbina Peña
Traduit de l'anglais (Canada) par Lori Saint-Martin et Paul Gagné.
Parution en août

REVUE DE PRESSE

« **Le talent littéraire est ici difficilement contestable.** Avec autant de qualités, le premier roman de Neil Smith nous tient en haleine avec ces débats intérieurs et procure de vives émotions loin d'être artificielles. **Une plume à surveiller de très près.** »

David Bigonnesse
Bible urbaine

« Malgré un sujet tragique, *Boo* est **un roman rempli d'humour et d'amour** aussi. »

Mario Cloutier
La Presse

« À la fois **thriller** et **roman d'apprentissage** avec des éléments qui rappellent *Sa Majesté des mouches* et *La Nostalgie de l'ange*, ce livre est en passe de devenir un de ces titres qui circulent de bouche à oreille jusqu'à soudain se retrouver partout. »

Stylist

« **Un roman fascinant qui explore avec humour et intelligence un florilège de questions et d'émotions diverses** allant du très concret, comme l'intimidation et l'amitié, au plus métaphysique, comme l'existence même du concept de Dieu. Le tout, par l'intermédiaire du **regard curieux et naïf d'un jeune garçon.** »

B. Migneault
Fugues

Imaginez
Raphaël Enthoven

Dans ces petites morales provisoires, Raphaël Enthoven, philosophe, essayiste et enseignant, s'adresse aux adolescents et aux jeunes adultes. Il leur parle avec humour, subtilité et franchise de sujets aussi importants que la mort, l'amour, la vérité et le mensonge, la beauté, le bonheur et la sagesse. De courts récits aussi vifs qu'érudits, que les magnifiques illustrations de Chen Jiang Hong accompagnent avec brio et drôlerie.

Imaginez s'inspire de l'émission du même nom diffusée sur ARTE.

Raphaël Enthoven est un essayiste, animateur de radio et de télévision française. Il est l'auteur de plusieurs essais, notamment de philosophie.

9 782211 301510

12,00 €
148 x 218 mm • 96 pages
Illustrations (couleurs) de Chen Jiang Hong
Parution en août

Éden
Rebecca Lighieri

Il a suffi d'une seconde pour que le monde de Ruby s'efface… Comment ? Mystère. Elle s'ennuyait chez elle, comme d'habitude, quand une bourrasque l'a soudain soulevée et déposée au bord d'un bois noir. La maison, la ville, la route, tout a disparu, d'un coup.
Ruby ne s'affole pas, elle est sûrement en train de rêver. Un rêve hyper réaliste mais un rêve quand même. Et pour une fois qu'il se passe quelque chose dans sa petite vie, elle ne va pas prendre ses jambes à son cou. D'ailleurs, que peut-il lui arriver ? Personne n'habite dans le coin. Eclairée par la lune, elle se dirige tranquillement vers la clairière qu'elle aperçoit au loin… Sauf que quelqu'un est là. Un jeune homme qui scrute les ténèbres avec attention.

Emmanuelle Bayamack-Tam est professeure de lettres dans un lycée de banlieue. Cela ne l'a pas empêchée d'écrire une douzaine de romans, dont *Arcadie*, récompensé par le prix du livre Inter 2019. Rebecca Lighieri est le pseudo qu'elle s'est choisi pour écrire d'autres romans, sacrément noirs ceux-là, comme *Husbands* ou *Les garçons de l'été* (Folio). C'est aussi celui de son tout premier roman jeunesse, *Éden*.

9 782211 304788

14,50 €
148 x 218 mm • 208 pages
Illustration de couverture de Séverin Millet
Parution en septembre

Marie-Aude Murail
SAUVEUR & FILS

Sauveur & Fils, saison 5
Marie-Aude Murail

Savez-vous que votre hamster est un animal de soutien émotionnel, que votre chien peut faire une dépression, que le ronron de votre chat vous sauvera peut-être la vie et qu'un divorce risque de rendre muet votre perroquet du Gabon?
Voilà ce que Sauveur découvre dans cette nouvelle saison, ce qui ne l'empêche pas de recevoir aussi dans son cabinet de psychologue clinicien Louane, qui a peur qu'une main sorte du trou des cabinets pour l'y entraîner, Frédérique, qui découvre que son père est Donald Trump, et Samuel, qui suit un stage pour apprendre à draguer.
Bonnes consultations à tout le monde!

Marie-Aude Murail est née au Havre (Seine-Maritime) en 1954. Docteure ès lettres en Sorbonne à 25 ans, elle a reçu la Légion d'honneur à 50 pour services rendus à la littérature et à l'éducation.

17,00 €
148 × 218 mm • 320 pages
Photographie de couverture: Shutterstock/Sereg
Parution en septembre

« Briser les tabous, parler de tout sans jugement mais avec une sensibilité hors du commun. »

« Marie-Aude Murail possède un don indéniable, celui de capter la psyché humaine. Ce sixième sens, mis au profit de l'écriture et plus précisément de la psychologie de ses personnages, confère à ses romans une saveur douce-amère inimitable. Les protagonistes de cette histoire, que l'on pourrait croiser dans la rue, se coltinent des problèmes plutôt corsés (autodestruction, quête d'identité, folie, filiation, racisme, suicide…), mais ceux-ci sont relatés avec tellement d'humanité et d'humour qu'ils en deviennent acceptables. Et c'est bien là que se trouve la force de l'auteure: briser les tabous, parler de tout sans jugement mais avec une sensibilité hors du commun. »

Ricochet

Les saisons 1 et 2 disponibles en poche!

400 pages • 125 × 190 mm
7,80 €

384 pages • 125 × 190 mm
7,80 €

Krimo, mon frère
Mabrouck Rachedi

Lila avait deux frères. Redouane, le grand, est en prison pour trafic de drogue. Krimo, le petit, vient de mourir dans un accident de voiture.
Elle part au Japon pour accomplir sa dernière volonté, et disperser ses cendres du haut du World Trade Center d'Osaka. C'est la première fois qu'elle voyage seule, mais elle seule peut accomplir cette mission.
Pourquoi le Japon ? Krimo n'y a jamais mis les pieds. Dans ce pays inconnu, les questions sont nombreuses pour Lila. Pour y répondre, elle n'a que le journal que son frère a laissé, et un compagnon de hasard.

Né en 1976, Mabrouck Rachedi est l'auteur de 5 livres, dont *Le poids d'une âme*, *Le petit Malik* et *La petite Malika* (avec Habiba Mahany), publié par les éditions Jean-Claude Lattès. Après une carrière d'analyste financier, il se consacre désormais à l'écriture.

9 782211 301053

15,00 €
148 x 218 mm · 192 pages
Illustration de couverture de Gabriel Gay
Parution en octobre

Je voulais naître vent
Andrea Gentile

1992.
Elle s'appelle Rita Atria. Elle a dix-sept ans.
Elle vient de quitter son village de Sicile pour s'installer à Rome sous une fausse identité.
Elle a grandi dans l'antre d'un monstre invisible : la Mafia.
Son père, don Vito, en était un parrain respecté, et son frère suivait la même voie.
Mais la guerre des clans a rendu les choses invivables. Et Rita a décidé de parler au juge Paolo Borsellino.
De rompre la loi du silence.
Et de raconter tout ce qu'elle a vu et entendu.
C'est une question de vie ou de mort.

Né en 1985, Andrea Gentile est romancier et éditeur.
Je voulais naître vent est son premier roman pour la jeunesse.

9 782211 301664

17,00 €
148 x 218 mm · 176 pages
Illustration de couverture de Paolo d'Altan
Traduit de l'italien par Marc Lesage
Parution en octobre

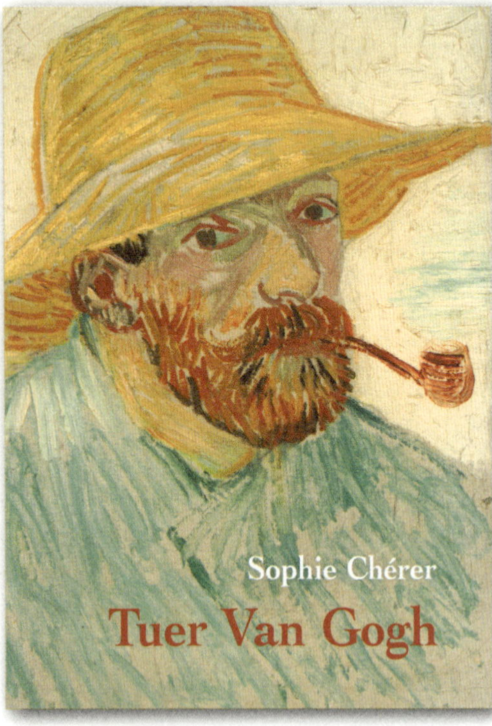

Tuer Van Gogh
Sophie Chérer

Vincent Van Gogh peint comme un fou depuis son arrivée à Auvers-sur-Oise, quand il rencontre deux jeunes gens de bonne famille, les frères Secrétan. L'aîné, Gaston, est un artiste en herbe, timide, incertain de sa vocation. Au premier regard, il considère Vincent comme un génie. Le cadet, René, est obsédé par Buffalo Bill. À la pêche comme à la chasse, accompagné de sa bande, il tire sur tout ce qui bouge. La correspondance de Vincent ne les mentionne ni l'un ni l'autre. Pourquoi ? On sait qu'il leur a offert des tableaux, dont personne n'a retrouvé la trace. Pourquoi ? Gaston et René vont fréquenter Vincent quasi quotidiennement pendant près de six semaines. Et si cette rencontre ne va rien changer à la vie du peintre, elle va peut-être tout changer à sa mort.

À 13 ans, Sophie Chérer rêvait de devenir juge des enfants pour combattre l'injustice. À la fin de ses études, elle abandonne pourtant la carrière de magistrate, mais trouve un autre moyen de suivre sa vocation. Depuis sa Lorraine natale, ses différents types d'écrits prolifèrent. Les uns lui permettent de mettre en valeur le travail de ses collègues artistes. Les autres sont aussi, la plupart du temps, des hommages romancés. Une manière de leur rendre justice.

9 782211 305082

15,50 €
148 x 218 mm • 272 pages
Illustration de couverture : *Autoportrait au chapeau de paille*, Vincent Van Gogh (1888)/akg-images
Parution en octobre

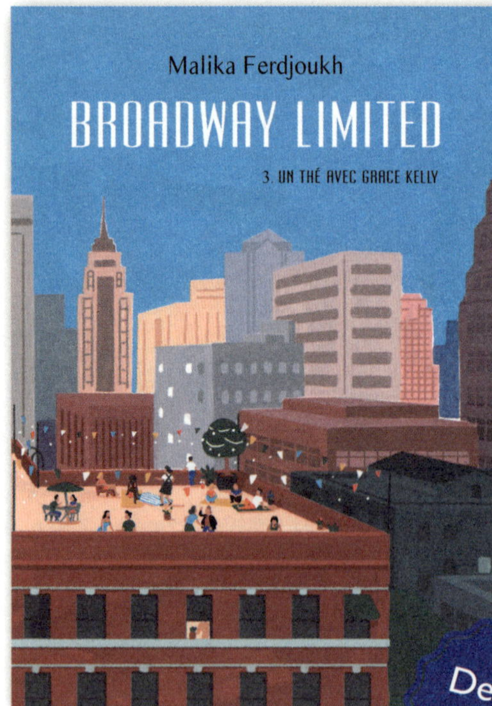

Dernier tome !

Broadway Limited, tome 3 : *Un thé avec Grace Kelly*
Malika Ferdjoukh

Printemps 1949. Pour les jeunes filles de la pension Giboulée, c'est l'heure des choix, de ceux qui engagent une vie. Grâce à son prof de l'Actors Studio, Page est propulsée finaliste pour un rôle au théâtre où sa seule rivale est Grace Kelly. Les destins amoureux de Hadley et de Chic vont enfin se rencontrer, se nouer, s'affronter. Qui l'emportera ? Uli Styner est pris dans les pièges de la chasse aux sorcières. Au pied du mur, Manhattan lui dévoilera-t-elle sa véritable identité ? Jocelyn est lui aussi à la croisée des chemins, lorsqu'une figure de son passé en France resurgit…

Malika Ferdjoukh vit à Paris depuis sa petite enfance. Elle est incollable sur le cinéma américain, ses dialogues fameux et ses distributions pléthoriques, mais son genre adoré reste la comédie musicale.

9 782211 305631

18,50 €
148 x 218 mm • 480 pages
Illustration de couverture de Kim Roselier
Parution en novembre

La plus belle fille du monde
Agnès Desarthe

«– Les enfants, je vous présente Liouba Gogol, a dit M. Dubeuf au moment où elle pénétrait dans la salle. Personne n'a ri. C'était comme si une averse de neige s'était soudain abattue sur la salle.»
Dès l'instant où la plus belle fille du monde débarque dans sa classe, Sandra sait que plus rien ne sera comme avant…

9 782211 304863
6,80 €
160 pages
Illustration de couverture: Gabriel Gay
Parution en septembre

REVUE DE PRESSE

« Avec cette peinture de l'univers adolescent, ses excès, ses interrogations et ses doutes, l'auteur nous offre un joli texte plein d'humour et d'émotion retenue, émaillé de petites touches discrètes sur le métier d'écrivain, l'écriture et la lecture. »

Chantal Hornoy
Ricochet

« Dans *La plus belle fille du monde*, Sandra, 14 ans, décide d'être écrivaine. S'ensuivent des questions sur l'amitié, l'écriture, son évolution personnelle… Captivant. »

Sandrine Mariette
Elle

Le livre de Catherine
Karen Cushman

Angleterre, fin du XIIIe siècle. Messire Rollo, chevalier du village de Stonebridge, souhaite marier sa fille de 13 ans, Catherine. Mais celle-ci ne veut pas se marier. En attendant d'être vraiment libre, elle consigne ses faits et gestes par écrit. Quand un abbé lui confie un petit livre des saints, elle décide de faire de son journal un livre, aussi héroïque et étonnant qu'une vie de martyr.

9 782211 223416
7,80 €
336 pages
Illustration de couverture de Thomas Gilbert
Traduit de l'anglais (États-Unis) par Raphaël Fejtö
Parution en septembre

REVUE DE PRESSE

« La période a rarement été présentée aux jeunes lecteurs avec une telle authenticité, les détails pittoresques intriguent le lecteur tout en reflétant avec acuité le désir d'indépendance de Birdy et sa sensibilité à l'égard des opprimés. Sa ténacité et sa naïveté débordante sont extraordinaires. À la fois comique et inspirant, ce premier roman est un délice. »

Kirkus Review

« Ce premier roman montre une héroïne admirable et brosse avec piquant un cadre en grande partie méconnu. »

Publisher's Weekly

9 782211 239899

192 pages • 148 x 218 mm • 14,50 €

9 782211 235150

208 pages • 148 x 218 mm • 16,00 €

9 782211 301558

224 pages • 148 x 218 mm • 15,50 €

9 782211 239929

512 pages • 148 x 218 mm • 19,00 €

9 782211 239974

304 pages • 148 x 218 mm • 15,50 €

9 782211 301718

88 pages • 148 x 218 mm • 12,00 €

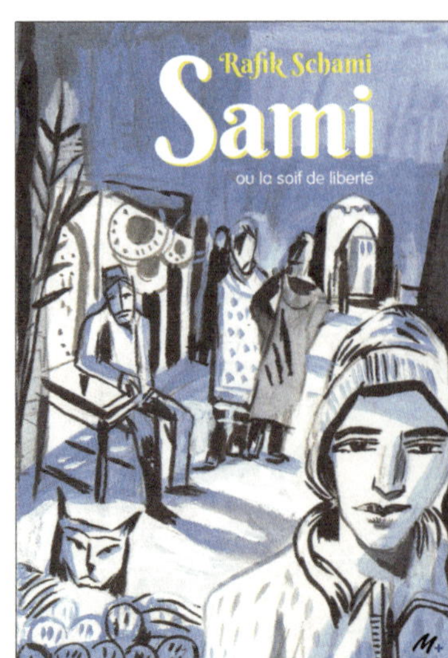

9 782211 236690

304 pages • 148 x 218 mm • 16,00 €

9 782211 239943

208 pages • 125 x 190 mm
6,80 €

9 782211 301206

160 pages • 125 x 190 mm
5,80 €

9 782211 239165

448 pages • 125 x 190 mm
8,80 €

9 782211 301244

496 pages • 125 x 190 mm
8,80 €

9 782211 302685

400 pages • 125 x 190 mm
7,80 €

9 782211 303651

632 pages • 125 x 190 mm
10,80 €

l'école des loisirs À ÉCOUTER !

Quand les autres nous parlent, on s'enrichit. Quand les autres parlent tout haut, on se met à penser tout bas, à goûter le génie d'une langue, sa musique, ses beautés. On devient capable de nuancer sa pensée, de préciser ses désirs, de relater ce qu'on sait, de plus en plus librement.

C'est pour ces raisons, et pour toujours cultiver le plaisir de la lecture, que *l'école des loisirs* propose depuis longtemps **des lectures à voix haute** dans la collection *Chut!*, à redécouvrir à compter de novembre 2019 dans **un nouveau format**, accompagnées **de nouveaux textes lus pour les plus grands** dès janvier 2020.

DES HISTOIRES À ÉCOUTER À TOUTE HEURE, SEUL, EN GROUPE, EN FAMILLE...

UN DÉCOUPAGE EN COURTS CHAPITRES, POUR UNE ÉCOUTE EN FEUILLETONS

QUELQUES BRUITAGES, POUR FAIRE SOURIRE

DES LECTEURS PROFESSIONNELS

DES MUSIQUES ORIGINALES, POUR VARIER LES PLAISIRS

Chien Pourri
Colas Gutman et Marc Boutavant
Lu par Céline Milliat-Baumgartner

Il s'appelle Chien Pourri. Il sent la sardine, il est couvert de puces, et son pelage ressemble à une vieille moquette râpée. Pour ne rien arranger, il est aussi bête que moche. Chien Pourri trouvera-t-il malgré tout le maître de ses rêves ?

9 782211 305570

Dès 6 ans
10,00 €
1 CD
Parution en novembre

Joyeux Noël Chien Pourri !
Colas Gutman et Marc Boutavant
Lu par Céline Milliat-Baumgartner

C'est Noël dans la poubelle de Chien Pourri et Chaplapla. Cette année, les deux amis sont bien décidés à passer le réveillon dans une maison. Mais qui voudrait d'un chien mité et d'un chat aplati un soir de fête ? C'est le début d'un merveilleux conte de poubelle.

9 782211 305617

Dès 6 ans
10,00 €
1 CD
Parution en novembre

Verte
Marie Desplechin
Lu par Sylvie Ballul et Anne Materon

À onze ans, la petite Verte ne montre toujours aucun talent pour la sorcellerie. Pire que cela, elle dit qu'elle veut être quelqu'un de normal. Sa mère, Ursule, est consternée. En dernier ressort, elle décide de confier Verte à sa grand-mère, Anastabotte. Dès la première séance, les résultats sont excellents, ils dépassent même les espérances d'Ursule. Un peu trop, peut-être…

9 782211 305655

Dès 8 ans
15,00 €
1 CD
Parution en novembre

- CD audio et version numérique à télécharger
- Texte intégral

THÉÂTRE

Avril
Sophie Merceron

Depuis que sa mère est partie, Avril fait des cauchemars. Il a peur du noir, et surtout du loup plat. Il n'aime pas l'école, s'enferme souvent dans le placard, déteste prendre son bain et il n'a pas de copains, sauf un, Stephane Dakota, qu'il est le seul à voir. Son père fait tout ce qu'il peut pour l'aider, mais ce n'est pas facile. Jusqu'au jour où Isild vient donner des cours à Avril, à domicile. Et cette fille-là, c'est une vraie tornade.

> Avril — Le loup plat, c'est un malin. C'est un loup, un vrai loup. Papa un jour m'a dit qu'il pouvait pas passer sous les portes, que donc dans la maison il pouvait pas rentrer. Mais le loup qu'est malin l'a entendu, et depuis je sais pas comment il a fait, il a maigri ou je sais pas, mais maintenant il est plat, et voilà, il peut passer sous les portes, cette sale bête-là.
> Le père — Avril, tu veux pas retirer tes lunettes de ski pour manger, s'il te plaît ?
> *Avril ne répond pas, le père soulève les lunettes, Avril s'est endormi. Le père le porte jusqu'au lit.*

Formée au Conservatoire national de région de Nantes, Sophie Merceron est comédienne et auteure. Elle participe également, en tant que lectrice, à différents festivals littéraires. Sa pièce *Avril* est lauréate de l'Aide à la création Artcena 2018.

9 782211 301732

6,50 €
125 x 190 mm • 48 pages
Nombre de personnages : 6
À partir de 10 ans
Parution en septembre

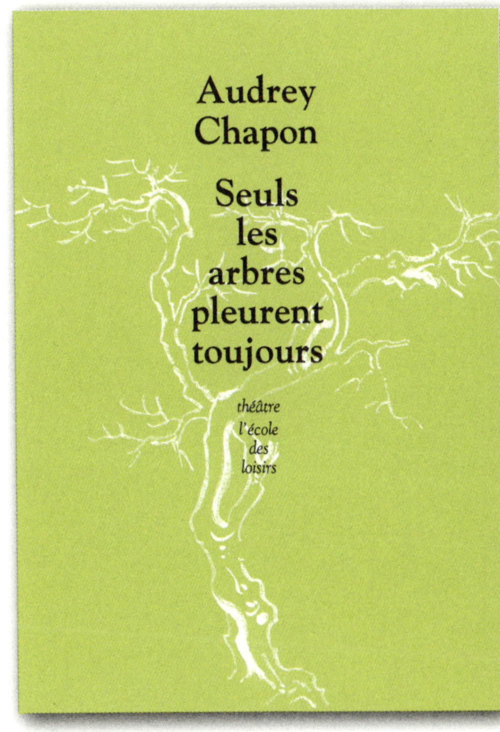

Seuls les arbres pleurent toujours
Audrey Chapon

Susie vit avec sa mère et son père, un homme violent. Pour échapper à ces tempêtes quotidiennes, elle va se réfugier soit chez son grand-père, soit au pied d'un arbre : un saule pleureur. Au premier, qui ne voit rien de sa souffrance bien qu'il l'aime, elle ne dit rien. Au second, auquel elle prête une voix, elle parle. L'arbre l'écoute, la gronde, la console, la fait rire, l'encourage à danser. Mais rien ne change. Jusqu'au jour où éclate une tempête, une vraie.

> L'arbre — Tu crois que les arbres rient ?
> Susie — Je sais que toi tu pleures.
> L'arbre — Et toi ? Tu pleures ?
> Susie — Pourquoi tu me demandes ça ?
> L'arbre — Parce que parfois ça ruisselle sur ta joue.
> Susie — Ce sont des lignes de vie.
> L'arbre — T'as du bleu sur la joue.
> Susie — C'est parce que j'ai froid.
> L'arbre — Menteuse.

Auteure, metteuse en scène et comédienne à Lille, sensible aux écritures théâtrales contemporaines, Audrey Chapon fonde en 2005 la compagnie Lazlo, avec laquelle elle met en scène de nombreux auteurs et parfois également ses propres textes.

9 782211 304269

6,50 €
125 x 190 mm • 48 pages
Nombre de personnages : 4
À partir de 10 ans
Parution en septembre

Un Noël de chien
Bénédicte Couka

C'est bientôt Noël, mais pas pour tout le monde. Ceux qui vivent côté jardin auront bien chaud et plein de cadeaux ; ceux qui vivent côté cour auront froid et faim. Pieds nus, un petit homme découvre un carton dans la rue et n'a d'autre ressource que de se réfugier dedans. Un enfant bien habillé s'étonne de le découvrir là. Son père le rassure. Ce n'est pas un homme, voyons, c'est un chien ! Et il pourrait être dangereux ! Le père ne croit pas si bien dire.

> L'ENFANT — Papa ! Regarde ! Un monsieur dans un carton !
> LE PÈRE — Mais non ! C'est un chien !
> LE PETIT HOMME — Je suis pas un chien. Je suis un homme.
> L'ENFANT — Papa, il parle, le chien !
> LE PÈRE — Mais non, voyons !
> L'ENFANT — Si ! Si ! Fais ouah ouah, Monsieur !
> LE PETIT HOMME — Ouah ! Ouah !
> LE PÈRE — Tu vois bien ! C'est un chien ! Ne t'approche pas ! Il va te mordre ! Allez ! Viens par ici ! Dépêche-toi ! On s'en va ! Ta mère nous attend !

Bénédicte Couka obtient le prix Annick Lansman pour sa pièce *Le sable dans les yeux*. Actuellement, elle se consacre à la musique et à l'écriture théâtrale pour la jeunesse.

9 782211 302180

7,00 €
125 x 190 mm • 64 pages
Nombre de personnages : 10
À partir de 11 ans
Parution en octobre

Il est parti, Gus
François Chanal

Ils étaient trois copains. Sur le podium, ils se retrouvaient toujours dans cet ordre : Gus, premier, Brice, deuxième, Jeff, troisième. Mais voilà, Gus n'est plus là. La première place est donc vide. Que faire ? La prendre ? Brice en a très envie, Jeff aussi est tenté. Mais rien à faire, ils n'y arrivent pas. On ne peut pas le remplacer comme ça, Gus. Impossible de l'oublier. Et voilà qu'arrive Taya, une inconnue, chargée d'un bouquet de fleurs… pour qui ? Pour Gus, évidemment.

> BRICE — J'ai trouvé ! Ces fleurs, c'est pas pour Gus, c'est pour nous. Pour qu'on se souvienne de Gus : chaque fois qu'on voit ces fleurs, on pense à Gus.
> JEFF — Mais on y pense tout le temps, à Gus ! Même sans les fleurs ! On ne parle que de lui ! C'est même fatigant, à la fin ! On pourrait parler d'autre chose !… De moi, par exemple.
> BRICE — De toi ? Mais tu es là !
> JEFF — Et alors, c'est un problème ? Je compte, moi aussi, non ?
> BRICE — Bien sûr, mais…
> JEFF — Je compte moins que Gus ?

François Chanal a déjà écrit plusieurs pièces, notamment pour le jeune public, parmi lesquelles *Miette et Léon*.

9 782211 302975

6,50 €
125 x 190 mm • 40 pages
Nombre de personnages : 3
À partir de 8 ans
Parution en octobre

Au jour naissant
Laurent Contamin

Demain, à l'aube, les démolisseurs viendront, et la vieille maison du phare sera détruite. Pendant treize ans, tous les étés, Perle y retrouvait Logan, son ami de toujours, et c'est lui qu'elle choisit pour y passer la dernière nuit. Tandis qu'ils sauvent encore quelques vestiges de la maison, Perle trouve de vieilles cartes qui parlent de la mer Rouge, de l'Érythrée, de l'Éthiopie, de grands voyages. Perle s'exalte ; Logan se trouble. Elle devine qu'il lui cache quelque chose de grave. C'est la première fois qu'ils ne partagent pas un secret, et ça lui fait mal.

> PERLE — Je m'en fiche que les choses soient simples ou compliquées, du moment qu'on se les dit. Tu sais parler le tigrinya, Logan ? Peut-être que c'est pas possible, alors…
> LOGAN — De… ?
> PERLE — De continuer à être ensemble comme avant. Peut-être que, pour devenir grand, il faut tourner la page du chapitre précédent et redémarrer à zéro. Quitter l'enfance avec fracas. Déchirer la chrysalide et la jeter aux oubliettes. Chacun ses secrets, chacun son coffre-fort. Verrouiller les serrures.

Laurent Contamin est auteur, metteur en scène, comédien et marionnettiste. Il a écrit une vingtaine de pièces de théâtre.

7,00 €
125 x 190 mm • 64 pages
Nombre de personnages : 2
À partir de 12 ans
Parution en octobre

DERNIÈRES PARUTIONS THÉÂTRE

48 pages • 125 x 190 mm
6,50 €

64 pages • 125 x 190 mm
7,00 €

48 pages • 125 x 190 mm
6,50 €

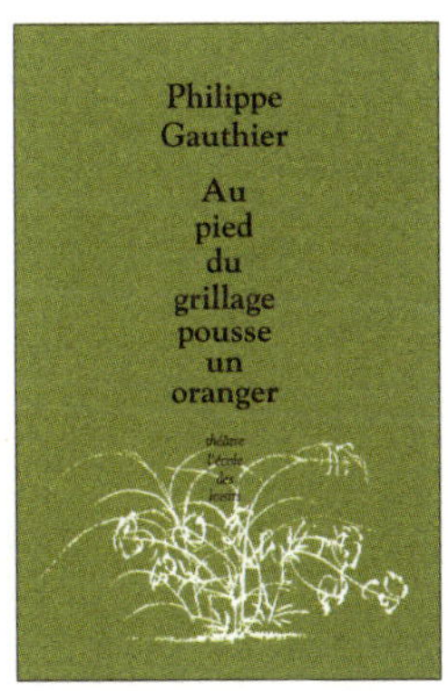

72 pages • 125 x 190 mm
7,00 €

CLASSIQUES

Nouvelles éditions

Dénoncer les travers de la société –
La satire

Collectif

Textes réunis et abrégés par Stéphane Labbe

L'écriture satirique est d'une grande variété : tirant ses origines d'un besoin de justice affirmé, elle poursuit au fil des siècles son activité salvatrice de réparation des méfaits. Elle prend le parti du faible contre le fort, de la justice contre les injustices. Elle épouse toutes les formes : aphorisme, poésie, fable, essai et portrait, récit. Ce sont ces formes brèves qui sont privilégiées dans cette anthologie, avec des textes de La Rochefoucauld, La Bruyère, Wilde, Voltaire, Swift, Du Bellay, Baudelaire, Verlaine, La Fontaine, Hugo, etc.

9 782211 236744

5,50 €
125 x 190 mm • 240 pages
Illustration de couverture de Gabriel Gay
Parution en septembre

Couverture : image extraite du film *Wuthering Heights* (2009), collection Christophel/Mammoth Screen/ITV

9 782211 304733

5,50 €
240 pages
Parution en septembre

Couverture : image extraite du film *Dracula*, réalisé par Tod Browning (1932), avec Béla Lugosi dans le rôle titre. Collection Christophel/Universal Pictures.

9 782211 304702

5,50 €
234 pages
Parution en septembre

Couverture : photographie d'Olivier Martel.

9 782211 304610

5,50 €
224 pages
Parution en octobre

Illustration de couverture : Philippe Dumas.

9 782211 304597

5,00 €
168 pages
Parution en octobre

Illustration de couverture : fresque romaine trouvée à Pompéi, (Ier siècle ap. J.-C.), conservée au Musée d'archéologie Nationale de Naples.

9 782211 305167

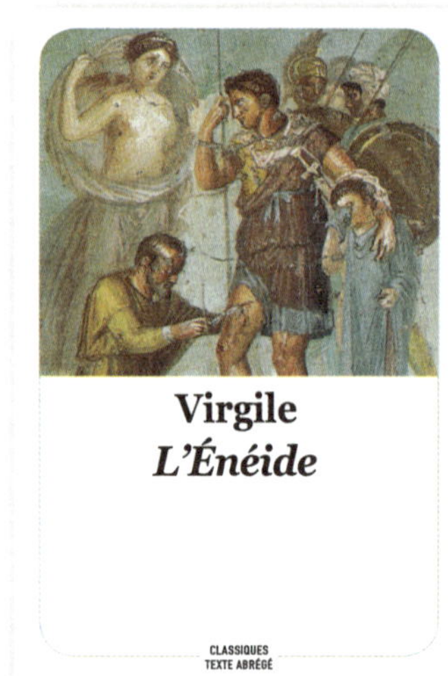

5,00 €
192 pages
Parution en novembre

Couverture : image extraite du film *Little Women*, réalisé par Greta Gerwig (2019).

9 782211 304658

5,50 €
240 pages
Parution en novembre

Couverture : *Les fées volent au-dessus de la rivière Serpentine*, Illustration d'Arthur Rackham pour *Peter Pan dans les jardins de Kensington* par J.M. Barrie. Paris, Hachette, (1907).

9 782211 304672

5,50 €
240 pages
Parution en novembre

Émile Zola
Germinal

Jules Verne
Voyage au centre de la Terre

D'étranges visiteurs
Histoires de science-fiction

Robots et Chaos

Herman Melville
Moby Dick

Homère
L'Odyssée

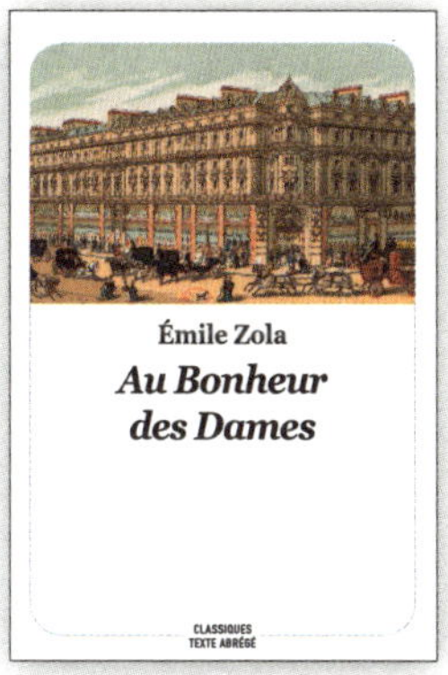
Émile Zola
Au Bonheur des Dames

H. G. Wells
Les Premiers Hommes dans la Lune

Jules Verne
L'Île mystérieuse

Jules Verne
Vingt mille lieues sous les mers

Chrétien de Troyes
Yvain, le chevalier au lion

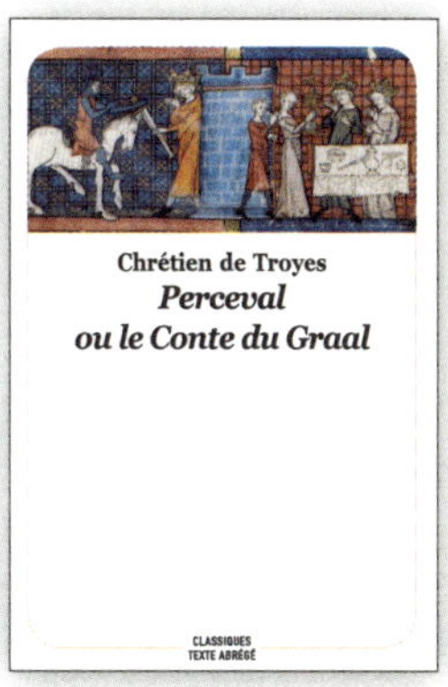
Chrétien de Troyes
Perceval ou le Conte du Graal

Chrétien de Troyes
Le Chevalier de la charrette

Jonathan Swift
Gulliver
Voyage à Lilliput

Robert Louis Stevenson
L'Île au trésor

Mary Shelley
Frankenstein

Edmond Rostand
Cyrano de Bergerac

Le Roman de Renart
adapté pour le théâtre

Alexandre Dumas
Le Comte de Monte-Cristo

Les mille et une nuits

Charlotte Brontë
Jane Eyre

Victor Hugo
Notre-Dame de Paris

Victor Hugo
Les Misérables

Homère
L'Iliade

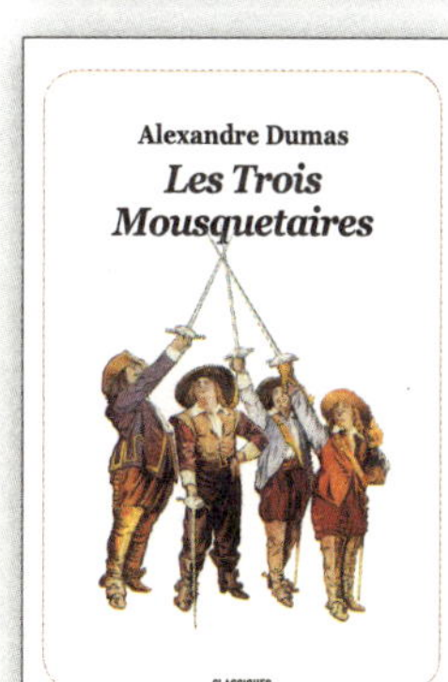
Alexandre Dumas
Les Trois Mousquetaires

l'école des loisirs
11, rue de Sèvres
75006 Paris – France
01 42 22 94 10
Fax 01 45 48 04 99
edl@ecoledesloisirs.com

Pastel
l'école des loisirs
79, boulevard Louis Schmidt
1040 Bruxelles – Belgique
Téléphone 02 736 44 62
pastel@ecoledesloisirs.be

Pour plus d'informations
– auteurs, illustrateurs, livres, collections, thématiques –
www.ecoledesloisirs.fr

UN LIVRE A LE MÊME PRIX PARTOUT

Libraries 1er niveau
et spécialisées
Diffusion *l'école des loisirs*
11, rue de Sèvres
75006 Paris
01 42 22 94 10
edl@ecoledesloisirs.com

Librairies 2nd niveau
et hypermarchés
Diffusion Flammarion
87, quai Panhard-et-Levassor
75647 Paris Cedex 13
01 40 51 31 00

Distribution
UD-Union-Distribution
106, rue du Lieutenant-Petit-Le-Roy
94669 Chevilly-Larue Cedex
01 41 80 20 20
www.ud-net.com

SUISSE
Servidis
Chemin des Chalets
1279 Chavannes-de-Bogis
(022) 960 95 10
commercial@servidis.ch

BELGIQUE
l'école des loisirs
79, boulevard Louis Schmidt
1040 Bruxelles
02 736 44 62
edl@ecoledesloisirs.be

CANADA
Gallimard Ltée
3700 A, boulevard Saint-Laurent
Montréal (Québec), H2X 2V4
(001) 514 499 00 72
diffusion@gallimard.qc.ca